Helga Lüsebrink

Mein Leben

erzählt anhand der Männer, die es prägten

Herstellung und Verlag:
BoD - Books on Demand, Norderstedt
ISBN 978-3-7431-3403-4

Mein Leben

Helga Lüsebrink, geboren 1938 in Lüdenscheid, einer kleinen Stadt im Sauerland in Nordrhein-Westfalen, lebt und schreibt heute in Berlin. Der Krieg bis 1945 und vor allem die Nachkriegszeit brachten Armut auf allen Ebenen. Soweit als möglich besuchte sie von 1944 bis 1953, mit verschiedenen Jahrgängen in einer Klasse, die Pestalozzi-Schule.

Rund 40 Jahre Büro- und Vertriebsarbeit in den unterschiedlichen Bereichen der Metall- und Chemieindustrie folgten, und daneben sowie dazwischen von der Parfümvertreterin über Putzen und Lampenschirmbespannen bis hin zur selbständigen Lebensmittelladenbetreiberin allerlei weitere Dinge.

Mehrere Ehen und wichtige Lebensgefährten prägten aber ihr Leben noch mehr als alles Berufliche. Durch sie lernte sie aufregende neue Welten kennen, etwa die Griechenlands, jene des Wohlstands und der Kultur oder die der beruflichen Selbständigkeit.

Im vorliegenden Buch zeichnet Helga Lüsebrink, die sich seit Beginn ihres Ruhestandes intensiv dem Schreiben widmet, ihr Leben anhand ihrer Männer nach - und damit auch, neben allen persönlichen Höhepunkten und Schicksalsschlägen, an denen wahrlich kein Mangel herrschte, immer wieder Impressionen bundesdeutscher Geschichte, die teilweise nostalgisch machen mögen und teilweise von überraschender Aktualität sind, etwa wenn es um Themen wie Alleinerziehend-Sein geht oder die Ehe mit einem Ausländer.

Inhalt

Mein Vater
- meine Kindheit und Familie 11

Klaus
- meine erste Liebe 33

Takis
- überraschende Heirat 49

Claus
- zweite Heirat 71

Peter und Gerd
- Liebe im Doppelpack 107

Gerd
- meine dritte Heirat 119

Peter
- Trennung und Neuanfang 127

Horst
- Glück und Schattenseiten einer großen Liebe 129

Ohne Mann
- Es geht auch alleine, und das nicht schlecht 153

Einszweidrei, im Sauseschritt

Läuft die Zeit; wir laufen mit.

(Wilhelm Busch)

... ich bin mitgelaufen – über siebzig Jahre inzwischen, auf verschiedenen Pfaden, gewiss nicht immer den geradesten Weg nehmend.

... mitgelaufen in Jahrzehnten also, wie sie so mancher ähnlich wie ich erlebt hat. Und die dazu mit meinen ganz persönlichen Erlebnissen angefüllt waren, die mich individuell geprägt haben.

Nun ist es an der Zeit, einmal Rückschau zu halten. Nicht nur um eine Bilanz zu ziehen oder abzurechnen, sondern um ein Gesamtbild zu zeichnen.

Ein Gesamtbild, das mich und meinen Lebensweg darstellt, aber auch ein weites Stück Zeit und Gesellschaft sowie ihren Wandel skizziert.

Doch wie an diese gewaltige Aufgabe herangehen? Wie das Unwichtige vom Wichtigen trennen, wie im Chaos des Lebens den roten Erzählfaden finden und nicht verlieren?

Wie so zusammenhängend berichten, dass diese Biographie nicht nur ein persönliches Erinnerungsbuch wird, sondern zudem interessant, spannend und auch anregend für Wildfremde? Kurzum, wie das eigene Leben zu einer guten Geschichte formen, ohne dabei etwas bewusst zu verändern oder zu unterschlagen, sich aber auch nicht in Nebensächlichkeiten zu verheddern?

Nach langer Überlegung habe ich eine Lösung gefunden und meine Memoiren nach ihr abgefasst. Ich habe mich dafür entschieden, die Männer meines Lebens als Gliederungsprinzip zu verwenden; also jene unterschiedlichen Männer, die mich und mein Leben zur jeweiligen Zeit besonders geprägt haben und noch bis heute prägen.

Zu ihnen gehören neben meinen ehemaligen Partnern besonders mein Vater und mein Sohn, wobei mein Sohn Dirk aus strukturellen Gründen zwar kein eigenes Kapitel erhält, aber dafür gleich mehrere bedeutend mitformt.

Natürlich lässt sich so ein Leben nicht vollständig beschreiben.

Es wären gewiss noch Lücken zu füllen mit weiteren Überleitungen oder Rückblenden oder auch Nebenbemerkungen.

Doch dieses von mir gewählte Prinzip hilft, all die Stoff-Fülle eines langen Lebens zu ordnen, in einen Zeit- und zugleich in einen Sinnzusammenhang zu bringen, sie ebenso für mich selbst wie für vollkommen Fremde erfahr-bar und begreifbar zu machen.

Ich denke, dass es mir gelungen ist, auf diese Weise ein schlüssiges und interessantes Gesamtbild meines Lebens zu gestalten – in das einbezogen neben den Männern natürlich auch meine Mutter und meine Schwester sowie weitere für mich wichtige Personen sind.

Ihnen, lieber Leser, wünsche ich eine gute Zeit mit meinem bisherigen Leben, mit all den glücklichen und tieftraurigen, bisweilen auch verzweifelten Momenten – mit den existentiellen Krisen und den wundervollen Erlebnissen!

Ihre *Helga Lüsebrink,*

die Rückschau gehalten hat und weiterhin neugierig nach vorne blickt

Mein Vater
- meine Kindheit und Familie -

Montagmorgen, ein Tag begann, ein Arbeitstag wie alle anderen – auch für meinen Vater. Vor Arbeitsanfang und bevor ihn sein Weg zur Baustelle führte, machte er routinemäßig den Gang durch den Keller. Er versorgte die Heizung mit ein, zwei Schaufeln Koks und stellte die Temperatur ein – angepasst an die Außentemperatur. Nichts Auffälliges war also dabei, als er um kurz vor sieben in den Keller ging. Nichts schien an diesem Morgen anders zu sein als gewohnt. Doch dieser Morgen, der Morgen des 7. Oktober 1963, sollte anders werden als all die anderen Morgen. Vollkommen anders.

Vaters Kellergang war auch der letzte Gang in seinem Leben: Er beendete sein Leben mit dem Freitod. Im Keller, an den Heizungsrohren erhängte er sich. Das erschütterte meine Familie natürlich ungeheuerlich. Und bis heute ist diese tieftraurige Situation eine meiner prägendsten Lebensmomente.

Zu der Zeit bewohnte ich zwei kleine Zimmer in der oberen Etage des frisch bezogenen Hauses meiner Eltern in meiner Heimatstadt in Lüdenscheid im Sauerland.

Besonders wohl fühlte ich mich allerdings nicht, denn ich hatte nur noch ganz wenige Dinge, die mir nach der gescheiterten ersten Ehe 1960, sozusagen als »Heimkehrer« aus Griechenland, noch geblieben waren. Notgedrungen hatte ich also am Familienleben mit Vater und

Mutter sowie auch mit meiner Schwester und Großmutter (mütterlicherseits), die ebenfalls im Haus lebten, teilgenommen. Ein fortlaufendes Drama, ganz sicher, für mich und meine Eltern. Aber man hatte sich mittlerweile daran gewöhnt und konnte allseits damit umgehen. So wirkte es zumindest.

Doch als mein Vater nun am besagten 7. Oktober ungewöhnlich lange im Keller blieb und auch auf Rufen nicht reagierte, war unwillkürlich ein allgemein mulmiges Gefühl bei mir aufgekommen. Und ohne überhaupt zu wissen, was eigentlich passiert war, rannte ich wie gehetzt, fast atemlos, im ganzen Haus herum, schrie um Hilfe, bis meine Großmutter mit Susanne, meiner kleinen achtjährigen Schwester, plötzlich neben mir stand. Nur meine Mutter war nach wie vor nicht in Sicht – sonderbar!

Ziemlich wild gestikulierte ich herum, redete unablässig, wahrscheinlich auch ziemlich wirr, jedenfalls vermutete ich gleich das Allerschlimmste. Wieso, das kann ich gar nicht genau sagen, wie ich auch die damalige Szene gar nicht mehr genau zusammenbekomme. Ich weiß aber noch, dass meine Großmutter, damals fünfundsechzig – knapp vier Wochen nach Vaters Tod auch gestorben –, die Situation zum Glück schnell begriff und nach einem Schockmoment sowie unseren gemeinsamen Hilfeschreien, die wie aus einem Munde klangen, zuallererst meine kleine Schwester an die Hand genommen und zur Nachbarin gebracht hat, da die Kleine von all dem Geschehen so wenig wie möglich mitbekommen sollte. Großmutter bewies starke Nerven;

kurzentschlossen ging sie anschließend zum Nachbar Dr. D., Präsenter der Kirchengemeinde Bierbaum, und bat ihn darum, in unserem Keller doch einmal nachzusehen, was mit meinem Vater geschehen war, da er nicht wieder hinaufgekommen und zur Arbeit gegangen sei. Der Nachbar folgte meiner Großmutter zurück in unser Haus und sah sofort nach, was im Keller geschehen sein mochte. Großmutter und ich blieben abwartend, ängstlich und zitternd, auf den untersten Treppenstufen stehen. Was mochte uns erwarten? Was war nur passiert? Augenscheinlich geschockt und seelisch zerknittert vom Anblick meines toten Vaters, der leblos an den Heizungsrohren hing, kam er aus dem Keller wieder hinauf. Im Ton leiser als üblich und mit stockenden Worten sagte er kurz und knapp, was vorgefallen war. Er bot noch sofortige Hilfe sowie künftige Unterstützung an und ging dann schweigend zurück in sein Haus nebenan.

Meine Mutter bekam von der nachfolgenden Zeit erst mal nicht viel mit, denn sie hatte einen Nervenzusammenbruch erlitten und war aufgrund dieser schrecklichen Tat an die Grenzen des Wahnsinns gelangt; sie wurde umgehend in eine Psychiatrische Klinik im Hochsauerland eingeliefert. Und nach wieder-holten krankhaften Ausbrüchen musste Mutter 1986 letztendlich von Amts wegen auf Dauer in einem Senioren- und Pflegeheim untergebracht werden: Sie durfte nun wegen bestehender Suizidgefahr nicht weiterhin alleine leben. Den nicht normalen Tod von Vater hat Mutter bis zu ihrem Tod im März 2000 nicht verkraftet. Sie blieb psychisch krank.

In der Hosentasche meines Vaters wurde während der Ermittlungen (dass die Kripo bei einem Freitod ins Haus kommt und den Todesfall untersucht, ist normal) ein Abschiedsbrief gefunden; er wurde von der Kripo beschlagnahmt und bei Gericht deponiert. Das Einzige, was ich unmittelbar darüber erfahren konnte, war, dass dieser Brief an Vaters Schwester und an den Bruder meiner Mutter gerichtet war und nicht an seine Frau, meine Mutter! Das erschien mir sehr merkwürdig.

Erst viel später habe ich auf Anforderung hin den Brief von der Staatsanwaltschaft ausgehändigt bekommen. Über den Inhalt weiß ich nichts Genaues mehr. Lediglich einige Worte über Vaters Seelenschmerz und seine Selbstzweifel habe ich nie wieder vergessen. Letztendlich habe ich den Brief dann vernichtet. Meine Mutter hat niemals darin gelesen, wollte ihn niemals lesen, und hat nie nach ihm gefragt oder nach seinem Inhalt. Und ich wollte das Familiendrama nicht noch zusätzlich schüren, habe ihr weder den Brief aufgedrängt noch das, was in ihm stand. Der Brief wurde letztendlich einfach allezeit totgeschwiegen.

Aber bis heute frage ich mich dennoch, insbesondere vor dem Hintergrund des Briefes und vor dem Hintergrund, dass sich mein Vater in seinem Leben stets viel über Musik, Malerei, Gedichte, Geschichten und viele, viele Briefe und so weiter ausgedrückt hat. Was trieb ihn wirklich an, zum Beispiel zum Musikmachen? Waren es hier die Noten oder die Not? Darauf weiß ich auch keine Antwort! Ich weiß nur, die Gedanken an all die Geschehnisse der Vergangenheit, an meine Zwiegespräche mit Mutter, Vater, Großmutter und auch mit meiner Schwester, die sich mir damals unmittelbar nach Vaters Tod und nach dem Lesen seines Abschiedsbriefes wie auch später immer wieder aufdrängten, begleiten mich auch heute noch durch mein Leben.

Manchmal habe ich sogar den Eindruck, dass das Vergangene für mich heute eine viel größere Bedeutung hat als damals. Vielleicht auch deshalb, weil ich inzwischen älter geworden bin. Ich war Mitte zwanzig, als das Familiendrama sozusagen »unangemeldet« plötzlich auf mich einstürzte. Kein Wunder, dass es da auch zu Überforderung und Verdrängung gekommen ist. Heute, im Rentenalter, erscheinen mir die Toten lebendiger als damals.

Wir alle kennen Augenblicke, in denen man meint, dass das, was man tut, nicht richtig ist. Ob das bei meinem Vater damals auch so war?

Wenn ich meinen Blick in die Vergangenheit richte, sehe ich das Bild unserer Familie - eingerahmt von Problemen und Kuriositäten – immer noch deutlich vor mir. Und es kommt mir heute sogar näher vor als in früheren Lebensabschnitten. Zunehmend drängt sich mir das Gefühl einer fortwährenden Ähnlichkeit, Vergleichbarkeit meines Lebenswegs mit jenen aus der damaligen Familienkonstellation auf.

Sowohl die normal üblichen als auch die chaotischen Lebenswegabschnitte meiner Eltern spiegeln sich unverkennbar zu Teilen in meinem Erlebten, sowie auch in meinen Gedanken über meine Zukunft.

Gedanken, Empfindungen über Vergangenes und Gegenwärtiges – wie ich sie aufschreibe, so hat sie auch mein Vater aufgeschrieben. In Gedichten und in seinem Tagebuch. Seine Mutter war es, die ihn dazu gebracht hatte. Sie hatte ihm 1936 ein Buch in einem hübsch graumelierten Einband aus Stoff geschenkt, bestickt mit dem Schriftzug »TAGEBUCH«. Siebenundzwanzig war mein Vater damals gewesen. Und seitdem hat er hier Wichtiges festgehalten. Allerdings nur ihm auch wirklich außer-ordentlich Wichtiges, weswegen es auch sein Leben lang gereicht hat. Sein viel zu kurzes Leben lang. Denn er ist ja nur 54 Jahre alt geworden.

Das Tagebuch hat Vater bis zu seinem Tode gehütet. Und auch danach bewahrte es seine Geheimnisse noch eine ganze Zeit lang sicher vor allen. Warum eigentlich? Wir wussten doch alles von ihm. Nun, ich kann es nicht sagen. Ich weiß nur, dass es so war. Erst nach Wochen oder auch Monaten, als Mutters Gesundheit mehr und mehr Fortschritte machte und sie während und zwischen verschiedener Klinikaufenthalte hin und wieder für einen längeren Zeitraum nach Hause entlassen werden konnte, hat sie das Buch eines Tages aufgeschnitten und darin gelesen. Und fortan hat sie, von Zeit zu Zeit, ihre eigenen Gedanken darin aufgeschrieben, auch solche zu ihrem Leben mit Vater. Irgendwann haben meine Schwester und ich dann auch von dem Inhalt des Tagebuchs erfahren; zunächst durch Mutters Bericht, später durch eigenes Lesen. Noch heute ist Vaters Tagebuch in meinem Besitz.

Wer mein Vater nun wirklich war, weiß ich bis heute nicht recht. Ich kann nur versuchen, mein eigenes Bild von ihm zu erstellen. Vielleicht ist es ungenau, vielleicht passt selbst der Rahmen nicht ganz. Aber ich will es versuchen:

Als ich im Dezember 1938 in einer Neubau-Mietwohnung in Lüdenscheid bei eisiger Kälte, zugefrorenen Fensterscheiben und Eis an den Wänden, geboren wurde, war mein Vater neunundzwanzig – meine Mutter erst siebzehn.

Meine Eltern hatten sich gut zwei Jahre zuvor auf der Baustelle eines zu errichtenden Kasernenkomplexes für das damalige Militär kennengelernt. Nach Vaters Bürolehre beim Stadtbauamt Dortmund war er, wie viele andere Männer damals, im Kasernenbau eingesetzt. Das war ein wirklich guter Arbeitsplatz; und erst recht vor dem Hintergrund der aufziehenden Zeit. Später wurde er nicht, wie die meisten Männer seiner Generation, zum Kriegsdienst eingezogen, denn er war bald einer der Hilfskräfte der im Mai 1938 gegründeten »Organisation Todt«, der Bautruppe des NS-Regimes für kriegswichtige Aufgaben. Hier hatte er nicht nur sichere Arbeit und war fern der Kampfgefahren, sondern konnte im Laufe der Zeit zahlreiche und auch nützliche Verbindungen knüpfen, von denen unter anderem meine Mutter, Großmutter (mütterlicherseits) und ich profitierten. Vater, der fast immer mit der »Organisation Todt« unterwegs war, versorgte uns auch in den schwierigsten

Jahren während des Krieges mit Lebensmitteln und kleinen Besonderheiten, die in großen Holzkoffern per Post bei uns zuhause ankamen.

Ich kann mich noch erinnern, wie es war, wenn so ein Koffer von uns geöffnet wurde, wie zunächst eine große Staubwolke aufstieg und erst dann all die vielen schönen Sachen zum Vorschein kamen – manchmal war sogar Schokolade darunter! Und wenn Vater auf Heimaturlaub kam, brachte er natürlich auch wieder reichlich »Marschverpflegung« und kleine Dinge mit, zum Beispiel Gebasteltes. Vor allem aber waren es Bilder, die er in Odessa am Schwarzen oder auch am Asowschen Meer und in Krakau gemalt hatte; mal zeigten sie Landschaften und mal Personen.

Von den Nachbarn, die unwillkürlich alles mitbekamen, wurden wir wegen der Nahrungsmittel beneidet. Aber Mutter gab hin und wieder auch etwas ab. Wobei man betonen muss, dass wir damals auch nicht gerade im Überfluss lebten. Wie jeder andere waren auch wir froh, etwas zum Essen zu haben. Selbsterhaltungstrieb stand bei allen zu dieser Zeit an erster Stelle. Bei den meisten Menschen gehörte der Hunger zum Alltag; und uns selbst war er auch nicht fremd, obwohl er uns weniger schlimm traf als manch anderen. Klebriges Maisbrot mit Rübenkraut galt auch bei uns mehr oder weniger als Basisnahrung. Wenn Mutter von einigen Bauern in der Nachbarschaft mal Rüben geschenkt bekommen hatte, machte sie das Rübenkraut selbst. Was uns in dieser Zeit der Knappheit neben Vaters Holzkoffer-Post noch viel half und einen echten Vorteil darstellte: Wir hatten einen kleinen Garten, den wir bewirtschafteten, es ergab sich so manche Mahlzeit zusätzlich für das tägliche Leben im und nach dem Krieg. Für meinen Vater, der genussvoller Raucher war, wurden nach dem Krieg sogar Tabakpflanzen angebaut, deren Blätter nach der Ernte auf dem Dachboden getrocknet und anschließend zerschnitten wurden. Fertig war der Tabak. Die Zigarettenblättchen, die für den Rauchgenuss noch notwendig waren, erbettelte ich mit anderen Nachbarskindern bei den Soldaten. Amerikaner, Engländer und Belgier waren bei uns im Sauerland stationiert. In Kasernen nahe unserer damaligen Wohnung waren sie untergebracht. Sie schenkten uns Kindern auch oft Kaugummi und Bonbons.

Nun gut, Vater war also nach seiner Bürolehre beim Stadtbauamt in Dortmund, wo er mit seinen Eltern und seinen drei Schwestern zusammen wohnte, zunächst als Maurer bei einem Bauunternehmen beschäftigt und gehörte später der »Organisation Todt« an. Und zu einem Zeitpunkt, als noch niemand ahnte, dass Vater bald über viele Jahre hin kaum noch zuhause sein und beim Kasernenbau eingesetzt würde, traf er meine Mutter. 1936 war das.

Meine Großmutter mütterlicherseits war damals an dem Komplex »Kasernenbau im Sauerland« ebenfalls beteiligt. Sie war als Köchin eingesetzt. Als geschiedene Frau musste sie ja arbeiten; das war unabänderlich (zwischendurch hatte sie auch in einer Fabrik gearbeitet). Meine Mutter wuchs daher hauptsächlich bei ihrer Tante Anni auf, war natürlich aber immer wieder auch bei ihrer Mutter – meiner Großmutter. Der Bruder meiner Mutter übrigens, mein Onkel Werner, lebte bei seinem Vater und dessen neuer Ehefrau. Während Großmutter nun ihren Küchendienst in Helleren machte, war meine Mutter auch oft mit dabei; sie war fünfzehn damals. Zwangsläufig kam sie mit den Handwerkern in Kontakt. So lernte sie auch meinen Vater kennen. Und bald waren die beiden, Bruno Thielmann und Gertrud Bobreck, ein Paar. Mutter fuhr an den Wochenenden sogar öfter mit meinem Vater zu seinen Eltern nach Hause, nach Dortmund. Am liebsten hätte er Mutter immer bei sich haben wollen. Ab 1937 hat er viele Worte seiner Liebe zu Mutter in sein Tagebuch geschrieben. Verständlich, sage ich heute! Denn Mutter war jung und hübsch, hatte wunderbare lange schwarze Haare – und sah damals schon ziemlich erwachsen aus. Ein ganz besonders schönes Foto meiner Mutter aus dieser Zeit habe ich in meiner Wohnung aufgehängt. Und natürlich auch eins, das Vater und Mutter gemeinsam abbildet – das Foto vom Silberhochzeitstag, dem 6. August 1963. (Kurz darauf war Vaters Selbstmord.)

Aufgrund von Mutters Erscheinung hatten Vaters Eltern niemals auch nur den geringsten Verdacht, dass es sich bei der Freundin ihres Sohnes eventuell um eine Minderjährige handeln könnte (volljährig wurde man damals erst mit 21!). Das wirkliche Alter meiner Mutter (am Anfang ihrer Liebe nur fünfzehn Jahre) hatte Vater ihnen gegenüber verschwiegen.

Zwischen meinem Vater und meiner Mutter, zwei vollkommen unterschiedlichen Charakteren, entwickelte sich also eine leidenschaftliche und tiefe Beziehung. Besonderer Ernst kam in die Sache, als sich 1938 herausstellte, dass ich unterwegs war. Und das nicht nur, weil eine Schwangerschaft auch immer Verantwortung bedeutet. Nein, unter Hitlers Regime war es nicht einfach, wenn sich bei einer gerade einmal Siebzehnjährigen ein uneheliches Kind anbahnte. Für die Mutter nicht, und für den Vater auch nicht. Mein Vater wurde von der Polizei abgeführt und vor Gericht gestellt. Dort musste er sich zu seiner »Schuld« bekennen; er sollte bestraft werden. »Vergehen an einer Minderjährigen«, lautete das Urteil.

Dringende Eingaben meiner Großmutter mütterlicherseits konnten noch das Schlimmste verhindern, nämlich dass Vater ins Gefängnis musste. Sie gab ihrer minderjährigen Tochter die Einwilligung zur Heirat, Mutter wurde für voll-jährig erklärt und konnte nun mit meinem Vater am 6. August 1938 ihre Liebe mit dem Gang zum Standesamt in Lüdenscheid besiegeln. Eine kirchliche Trauung hat allerdings nicht stattgefunden, denn mein Vater war konfessionslos und gegen die Kirche eingestellt (Mutter war zwar evangelisch, glaubte an Gott, las des Öfteren in der Bibel und besuchte in Abständen auch Gottesdienste, doch das änderte hier nichts) – weswegen ich zunächst auch nicht getauft wurde, sondern erst mit vierzehn Jahren, um konfirmiert werden zu können. Das war auch damals recht ungewöhnlich, die Taufe erst am Tag der Konfirmation zu empfangen, und ich war entsprechend die einzige, die an diesem Tag getauft wurde.

Sehr überrascht waren Mutter und ich übrigens, als Vater Anfang der sechziger Jahre dann plötzlich einen guten Kontakt zum damaligen Gemeindepfarrer pflegte, regelmäßig bei uns zuhause mit ihm Schach spielte und diskutierte ...

Wenige Monate nach der Heirat und wenige Wochen vor meiner Geburt, Anfang Dezember 1938, zogen meine Eltern gemeinsam mit meiner Großmutter mütterlicherseits in eine Neubauwohnung in einem Sechs-Familien-Haus, bestehend aus drei Räumen und einem Gästezimmer im Dachgeschoss, das mein Vater vorwiegend für seine Hobbys nutzte.

Ein großes gefliestes Bad mit Warm- und Kaltwasser gehörte ebenfalls zur Wohnung. Geheizt wurde mit neuen Holz- und Kohle-Öfen, auf denen dann auch gekocht werden konnte. Insgesamt bot die Wohnung zur damaligen Zeit viel Platz und eine moderne Ausstattung; insgesamt also einen Luxus, den sich eigentlich nur die reichen Leute leisten konnten. Aber reich waren wir nicht. Wir hatten lediglich Glück gehabt; oder vielmehr: richtig gute Beziehungen. Denn allein durch die persönlichen Beziehungen meiner Großmutter zu verschiedenen Bauunternehmen war es möglich geworden, solch eine außergewöhnlich schöne Wohnung zu bekommen.

Allerdings konnten wir sie nicht immer nur alleine bewohnen, denn es gab eine Zeit, als Familien mit eigenen Häusern oder größeren Wohnungen gezwungen wurden, Raum für Besatzungstruppen zur Verfügung zu stellen. Einzelne Räume wurden vom Militär beschlagnahmt, so dass es aufgrund unserer geräumigen Wohnung schließlich auch bei uns zu einer Einquartierung kam. Und somit wohnte bei uns für ein paar Monate ein junger Soldat, der aus Zella-Mehlis in Thüringen stammte. Das war gar nicht so schlecht: Laufend schickten ihm seine Eltern Pakete mit Lebensmitteln und anderen wichtigen Dingen. Natürlich bekamen wir immer etwas davon ab. Zwischen seinen Eltern und uns entwickelte sich auf dem Postweg ein freundschaftliches Verhältnis, angezeigt auch durch kleine landes- und zeitübliche Geschenken, wie zum Beispiel Handarbeiten oder Holz-Basteleien, als Dank für die gute Unterkunft ihres Sohnes; eine Verbindung, die sich noch über lange Jahre nach dem Krieg hinweg fortsetzte.

Kurz nach dem Einzug in die neue Mietwohnung wurde ich geboren, am 29. Dezember 1938; in einem klirrend kalten Winter, wie so oft damals, mit starken Minustemperaturen, vielfach zeigte das Thermometer um die 20 Grad minus. Hunderttausende Menschen sind diesen Temperaturen, vor allem in den folgenden Jahren, zum Opfer gefallen. Die Frage, ob ich nun als Wunschkind geboren wurde, bleibt offen. Nachdenken möchte ich darüber nicht.

Der Blick meiner Dortmunder Großeltern auf meinen Vater änderte sich durch seine neue und durchaus außergewöhnliche Lebenssituation in keiner Weise: Er blieb das Lieblingskind seiner Mutter und schier unfehlbar, meist Mittelpunkt der verwandtschaftlichen Gesellschaft und oftmals bevorzugt gegenüber seinen Schwestern. Noch dazu gab es bei unseren regelmäßigen Besuchen in Dortmund, die ja erst mit Vaters Tod aufhörten, auch heimliche Geldzuwendungen und vieles mehr …

Meine Mutter dagegen blieb meist außen vor. Sie wurde von ihren Schwiegereltern niemals richtig anerkannt, weil man ihr nicht zutraute, eine Familie zu haben beziehungsweise ihrer Rolle gemäß zu versorgen. Von Vater wurde sie gegenüber seinen Eltern auch nicht entsprechend verteidigt. Darunter hat Mutter ihr Leben lang gelitten, und oft genug hat sie darüber auch mit mir gesprochen. Hin- und hergerissen war ich dann, denn ich liebte ja schließlich beide Elternteile, und alle meine Großeltern auch.

Ich kann mich nur zu gut daran erinnern, dass Mutter sehr gut handarbeiten konnte und laufend mit Nähen, Stricken und Sticken beschäftigt war. Die schönsten Kleider machte sie für mich, obwohl Material damals – Nachkriegszeit – sehr rar war. Aber Mutter war voller Ideen und wusste immer Rat. Die Wolle von Zuckersäcken verarbeitete sie zu Strümpfen, blau-weiß-karierte Feldbettwäsche und Fahnenstoff zu Kleidern und Schürzen, Wolldecken vom Militär zu Mänteln und so weiter. Auch bei den Bauern und reicheren Anwohnern war Mutter deshalb sehr beliebt. Und zur Unterstützung unserer Familie tauschte sie Strick- oder Nähsachen gegen Nahrungsmittel. Hervorragend kochen und backen konnte sie auch. Oft waren Gäste bei uns zuhause, und Mutter konnte ihre Kochkünste dann unter Beweis stellen, was sie gerne tat und wofür sie viel Lob erhielt. Außerdem war Mutter auch sehr belesen und wusste allgemein viel. Und wegen ihrer freundlichen Art und ihres wachen Geistes hatte sie eine Menge Bekannte, mit denen sie sich nachmittags zum Tee traf und über Bücher und andere interessante Dinge mit ihnen diskutierte. In ihrer Rolle als Hausfrau und Mutter in einem gepflegten und gemütlichen Heim ging sie voll auf.

Mir gegenüber war Mutter aber sehr streng! Vater konnte sich an meiner Erziehung kaum beteiligen, da er selten zuhause war; erst wegen der »Organisation Todt« und nach dem Krieg wegen ziviler Baustellen (als Maurer fand er rasch wieder Arbeit im zerstörten Land). Also übernahm Mutter die Aufgabe meiner Erziehung praktisch doppelt; und Strenge wurde damals allgemein eben sehr großgeschrieben. Ich kann mich erinnern, dass ich häufig stundenlang an einem kleinen Tischchen sitzen und mit anderen Kindern ruhig und brav spielen musste – auch wenn es für uns alle schon längst nicht mehr auszuhalten war. Mutter hat sicher nicht gewusst, wie lebendig ein Kind ist und wie ein Kind fühlt, wenn es wider die Natur zu dauerhaftem Stillsitzen und absolutem Gehorsam gezwungen wird.

Doch bei aller Strenge – ich erinnere mich auch an viele schöne Stunden mit Mutter während meiner Kindheit. Zum Beispiel an solche, in denen ich bei Eintreten der Dunkelheit mit ihr am knisternden Ofen saß – die Füße wärmten wir im Backofen, in dem Holz zum Trocknen lagerte, wenn nicht gebacken wurde – und Mutter mir vorlas oder selbst ausgedachte Geschichten erzählte.

Ihr großes Lebens-Vorbild damals war übrigens eine Ostfriesin, unsere Nachbarin. Im Laufe der Jahre entwickelte sie ein freundschaftliches Verhältnis zu ihr. Die Ostfriesin, die aus einem besser gestellten Elternhaus stammte, hatte natürlich leichtes Spiel damit, meine Mutter, die ja noch sehr jung war, von ihrer Lebensart mit Tee, Büchern, Klaviermusik und vielem mehr zu überzeugen. Das fand ich natürlich auch toll, allgemein und besonders weil ihr Sohn in meinem Alter war und bald praktisch wie ein Bruder für mich. Das war herrlich!

Von der Strenge einmal abgesehen, hätte also alles wunderbar sein können. Doch irgendwann hört in jeder Ehe die Liebe leider auf. Häufig haben meine Eltern miteinander gestritten. Warum, das weiß ich nicht mehr. Aber ich weiß noch gut, wie ich dies miterleben musste, und dass ich immer wieder herangezogen wurde, um im Streit Beistand zu leisten oder währenddessen auf meine kleine Schwester aufzupassen. Manchmal musste ich sogar den Gemeindepfarrer bitten, zu uns zu kommen, um einen Streit zu schlichten. Schrecklich! Einen der Streitgründe kann ich unmöglich vergessen, und der gehört auch in meine Erinnerungen hier mit hinein: die Eifersucht.

Mein Vater wusste es und ich auch, dass Mutter von Eifersucht geplagt war. Mutter war meinem Vater verfallen. Trotz der oft auftretenden großen Schwierigkeiten auf beiden Seiten liebte sie ihn. Niemals wollte sie Vater verlieren. Das sorgte dafür, dass sie letztendlich zu seinem Schatten wurde, ihn verfolgte. Wenn zum Beispiel das ortsübliche Richtfest mit den Bauherren an einer Baustelle gefeiert werden sollte, bedrängte mich meine Mutter mit dem überstarken Wunsch, abends mit ihr die betreffende Baustelle aufzusuchen, um meinen Vater heimlich aus dem Hintergrund zu beobachten und zu sehen, was er in der Gesellschaft so alles machte. Diese »Ausflüge«, die sich so zunehmend ergaben, waren mehr als nur unangenehm für mich, zumal ich damals noch im jugendlichen Alter war. Und wenn Vater erst um fast Mitternacht nach Hause kam, war Mutter stets sehr erzürnt (ganz gleich ob sie ihn vordem verfolgt hatte oder nicht), und zum Streiten fand sie dann immer einen Grund.

Einmal etwa gab es einen fürchterlichen Krach, weil Vater, als er von einem der Richtfeste nach Hause kam, den rechten Schuh am linken, und den linken Schuh am rechten Fuß hatte. Mutter hat sehr geschimpft und ihm allerlei böse Worte an den Kopf geworfen. Es war die Hölle los!

Insgesamt reihten sich im Laufe der letzten Ehejahre meiner Eltern sehr viele Reibereien aneinander, bis ihre Ehe schließlich zu einem wahren Drama auf der Bühne ihres Lebens wurde. Somit schwand das Glück im eigenen Haus mehr und mehr. Die Symphonie des Lebens ging zu Ende – bis mein Vater nicht mehr die Kraft besaß, dem immerwährenden Druck standzuhalten, und sein Leben dann schließlich beendete ...

Mir aber bleibt mein Vater unvergesslich. Vor allem, wie er in der Freizeit seinen zahlreichen Hobbys nachging. Derartige Bilder sehe ich noch heute vor mir. Künstlerisch war er sehr begabt! Er konnte malen, zeichnen, basteln und richtig gut auf der Violine spielen. Dazu schrieb er auch Worte. Aber nicht nur, nein, seine Empfindungen legte er auch in Noten nieder. Er liebte die Musik und ihre Sprache, sowohl die ernstere als auch die heitere Muse; einfach die Emotion der Musik. Regelmäßig traf sich Vater auch mit Gleichgesinnten zur Hausmusik bei uns. Bis er eines Tages leider die feinen Töne der Musik nicht mehr wahrnehmen konnte. Er war schwerhörig geworden. Seine beiden geliebten Geigen hingen von nun an nur noch zur Dekoration neben seinen Gemälden in der guten Stube an der Wand.

Aber seine zusätzlichen Talente halfen Vater über den Verlust der direkten Begegnung mit der Musik hinweg. So konnte er etwa hervorragend bauen und basteln, was er ja auch schon seit eh und je begeistert getan hatte. Umgeben von Holz, Drähten, Schrauben, Werkzeug und allem möglichen Krempel zimmerte er in meiner Kindheit zum Beispiel Puppenhäuser und Puppen-wagen für mich. Sogar funktionsfähige Radiogeräte konnte er fabrizieren – und damit sind nicht nur Empfänger gemeint, nein, bis zum kleinen Sendegerät brachte er es! So dass er im laufenden Radioprogramm plötzlich mitreden konnte, was er auch manches Mal tat. Natürlich erzielte er dadurch große Aufmerksamkeit, denn er sprach irgendwelche Leute aus der Nachbarschaft auf diese Weise gezielt an und erzählte ihnen scherzhaft etwas. Doch leider war diese Einmischung ins Radioprogramm nicht erlaubt, und er musste schnellstens mit diesem Spaß aufhören, bevor er noch entdeckt und dann bestraft wurde. Die Leute aus der Nachbarschaft übrigens, die haben niemals erfahren, wer da zu ihnen gesprochen hatte. Wir jedoch amüsierten uns köstlich über Vaters »Gräueltaten«.

Ganz allgemein gilt, dass mein Vater laufend nach neuen Möglichkeiten suchte, um etwas Besonders zu entwickeln. Gerne zog er als Inspirationsquellen Bücher heran wie »Mythos des 20. Jahrhunderts«, »Das Buch der Wunder« oder »Das Buch der Hobbys und Spiele«. Solche Titel begleiteten ihn ständig. Einige dieser Bände sind noch heute in meinem Besitz oder befinden sich bei meinem Sohn Dirk.

In der Nachkriegszeit setzte Vater auch einen Teil seiner allgemein im Zuge von Hobbys ausgelebten Fähigkeiten dafür ein, Nahrungsmittel für die Familie zu beschaffen. Im Tausch gegen seine Fertigkeiten, wie Dinge reparieren oder Künstlerisches anfertigen, konnte er von verschiedenen Bauernhöfen zum Beispiel Kartoffeln, Milch und Eier herbeibringen, so dass wir nicht hungern mussten (hinzu kam, dass auch meine Großmutter, die auf einem Gehöft bei den Feldarbeiten half, Grundnahrungsmittel erhielt, die dann noch zusätzlich in unseren Haushalt gelangten). Diese damals üblichen Tausch- und Hamsterfahrten führten unsere Familie sozusagen durch die gesamte ländliche Umgebung. Natürlich war auch ich oft mit dabei. Und das war wirklich nicht das Schlechteste, denn das Land bot damals weit mehr als nur das zu unserem Überleben Notwendige. Ich lernte nämlich auf diese Art eine ganz andere Lebenswelt kennen, und zwar die des Bauernhofs, was ich recht interessant fand! Vor allem das Vieh hatte es mir angetan; und hier wiederum gefielen mir Hunde und Katzen besonders. Ein graugetigertes Kätzchen nahm ich eines Tages sogar mit nach Hause. Leider war meine Mutter davon wenig erbaut, und ich durfte das Kätzchen nicht behalten, musste es wieder auf den Bauernhof zurückbringen. Das weiß ich noch gut. Durch meine Erlebnisse auf Bauernhöfen ist mir erstmals bewusst geworden, dass es doch viele Welten in dieser einen großen Welt gibt, und dass sie alle, oder doch zumindest die meisten von ihnen, ihre jeweils eigenen Vorzüge haben.

Eine weitere schöne Erinnerung, die sich aus der Lebenswelt des Bauernhofs – im Hinblick auf Vaters Hobbys – noch ergeben hat, war, dass ich oftmals zu den Bauernhöfen mit radelte (entweder saß ich dann auf dem Gepäckträger oder vorne auf der Fahrradstange), um dort zuzusehen, wie Vater erst die Staffelei aufbaute und dann gleich die Gehöfte mit Wasser- oder Ölfarben malte oder sie vorläufig nur skizzierte und zuhause später dann ausarbeitete. Selbst auf allerkleinsten Papierschnitzeln und mit nur wenigen Strichen konnte Vater zauberhafte Ansichten schaffen! Kein Wunder also, dass sogar Rückseiten von Lohn-tüten und solche Dinge für ihn wertvolles Material bedeuteten in der sogenannten »schlechten Zeit«.

Die für die Malerei notwendigen Farben und Pinsel sowie gutes Papier wurden, wie so vieles damals, im Tausch gegen andere Dinge erworben. Und die Bilderrahmen zimmerte Vater aus Abfallholz von verschiedenen Baustellen. Aller-schönste Gemälde in wirklich ansehnlicher Rahmung sind so entstanden. Die Bauern gaben uns dafür nicht nur Basisnahrungsmittel wie Kartoffeln und Milch, sondern sogar die besseren Sachen: Fett und Geräuchertes zum Beispiel. Denn jeder Bauer war zur damaligen Zeit stolz darauf, wenn er seinen Hof als tolles Gemälde in der »guten Stube« präsentieren konnte.

Mit der Zeit kamen sogar Leute zu uns, um sich von meinem Vater malen zu lassen beziehungsweise ein von ihm gemaltes Bild zu erwerben. Zudem ließen namhafte Künstler aus dem hiesigen Raum (Sauerland) Vater auch an kleineren Ausstellungen teilnehmen; und es wurde allseits bekannt, dass mein Vater lauter schöne Dinge machte, wie Bilder, Musik, Gedichte und vieles mehr. Insgesamt lässt sich sagen, dass aufgrund der Kreativität von Vater und Mutter mein Leben im Elternhaus recht abwechslungsreich und auch interessant gewesen ist.

Doch all dies und dass mein Vater auch ein sorgender und behütender Familienvater für mich gewesen ist und meine Mutter mich ebenfalls aufrichtig liebte – all das zusammen konnte nicht verhindern, dass sie mich, als ich alt genug war, hinaus in die Welt und in fremde Lande trieben. Das kleinkarierte Denken, das ständige Aufrechterhalten und Pflegen der Fassade einer heilen Welt, die es doch gar nicht gab – das war typisch für die damalige Zeit, und es war auch typisch für Vater und Mutter. Das habe ich, als ich erwachsen wurde, einfach nicht mehr ausgehalten.

Wenn ich heute den Blick in meine Vergangenheit richte, sehe ich ein Bild von Menschen des Schweigens und der Aufruhr, von Kunst und Künstlern, von Lebendigkeit und Sterben. Ein Miteinander in verschiedensten Facetten. Dabei erinnere ich mich weniger an Worte, die an mich gerichtet wurden, als vielmehr an das allzeit Geschehende und Erlebte. Und bekennend muss ich feststellen, dass auch ich all dies flussauf- oder abwärts fortsetzend lebe. Nur recht unwesentlich tritt mein Fluss, dessen Hauptbett aus jener Zeit stammt, hier und da über seine ursprünglichen Ufer und gelangt so in seine Nebenläufe, die sich in einem langen Leben mit der Zeit natürlich ergeben haben. Und die es mir auch ermöglichen, heute aus unterschiedlichen Perspektiven auf Vergangenheit, Gegenwart und Zukunft zu schauen. Mit dem Blick auf meine Kindheit kann ich zusammenfassend sagen, dass ich ohne Mangel an Äußerlichkeiten aufgewachsen bin und sehr gut versorgt und behütet wurde. Viele wichtige Impulse und Interessen habe ich damals mit auf den Weg bekommen, zum Beispiel meine tiefe Neigung zum Künstlerischen. Seelisch allerdings, muss ich einwenden, blieb die Versorgung in diesem oft kracherfüllten Eltern-haus insgesamt auf der Strecke: Mein Selbstbewusstsein und mein Selbstwertgefühl wurden erst viele, viele Jahre, ja Jahrzehnte später, vor allem durch eine bemerkenswerte Partner-Beziehung, richtig aufgebaut und stabilisiert. Bis dahin war ich im privaten Bereich – ganz anders übrigens als im beruflichen – keine starke Persönlichkeit.

Klaus
- meine erste Liebe -

Schon als junges Mädchen, ich glaube, ich ging noch zur Schule, hatte ich häufiger den Wunsch geäußert, irgendwann im Leben tanzen zu können. Obwohl ich damals meine Eltern oder Verwandten niemals miteinander tanzen gesehen hatte. Mein Wunsch, so vermute ich heute, basierte wahrscheinlich darauf, dass Ende der fünfziger, Anfang der sechziger Jahre Tanzschulen im ganzen Land in waren, und in Lüdenscheid empfand man sie natürlich ebenso als modern und üblich wie im Rest der Republik. Der Gedanke an Tanzen lag also recht nahe, auch wenn er in meiner Familie nicht seine Wurzeln haben kann.

Meine Eltern interessierten sich nicht für meinen Wunsch und versuchten, mich mit allerlei Argumenten vom Tanzen abzuhalten, dieser ihrer Meinung nach ebenso unnötigen wie unnützen Betätigung.

Wichtig sei, erst mal einen Beruf zu erlernen, sich voll darauf zu konzentrieren, um später gutes Geld zu verdienen und so Sicherheit zu haben sowie mir auch etwas leisten zu können.

Meinen Tanzwunsch schob ich also zunächst auf, doch ich verlor ihn nie. Und schließlich war es dann so weit: Eine kaufmännische Lehre in einem Metall-

Halbzeug-Werk mitsamt Abschlussprüfung vor der Südwestfälischen Industrie- und Handelskammer hatte ich mit Erfolg absolviert. Und ich bekam nun die Erlaubnis zur lang ersehnten Teilnahme an einem Anfänger- und Fortgeschrittenen-Kurs in der Tanzschule Meister; damals die Adresse für junge Lüdenscheider, die Walzer und Tango, aktuelle Modetänze und Benimm lernen wollten. »Meisters Tanzschule«, 1913 gegründet, war weit über die Grenzen meiner Heimatstadt bekannt. Sie existiert übrigens heute noch und wird weiterhin, soviel ich weiß, von der Gründerfamilie geführt – in nunmehr vierter Generation.

Von nun an ging ich, achtzehn Jahre alt, einmal in der Woche nach Büroschluss in die Tanzschule. Das Zusammentreffen verschiedener Jungen und Mädchen, meistens in meinem Alter, war zu Beginn des Kurses ziemlich aufregend. Ich war also immer sehr nervös, natürlich auch begeistert, wenn es hieß: Heute Abend ist Tanzstunde! Ich kannte ja niemanden, und alles war neu und fremd um mich herum, was für alle anderen natürlich ebenso war. Aber durch Gesten, Reden und letztendlich auch durch gegenseitige körperliche Berührung entstanden ganz allmählich recht liebevolle und angenehme Kontakte. Ich fühlte mich wohl in dieser Gruppe von lauter jungen tanzenden Menschen. Das war wichtig, denn schon damals war Tanzen für mich eine recht intime Angelegenheit: Durchs Tanzen kann ein Prickeln zwischen den Menschen hervorgerufen werden. Und so entstanden hier nun

Augenblicke der Nähe, wie ich sie vorher nicht gekannt hatte.

Neben all den Tanzübungen interessierten mich natürlich auch meine jeweiligen Partner. Ganz besonders galt dies für einen jungen Mann, der mir bereits ganz am Anfang aufgefallen war. So unerfahren ich auch war, über eine gewisse Vorstellung davon, wie mein Freund, den es freilich noch nicht gab, auszusehen und zu wirken hatte, verfügte ich damals schon.

Klaus, so hieß der junge Mann, entsprach genau meinem Geschmack: ein sportlicher Typ, selbstbewusst, männlich. Zudem hatte ich das Gefühl, dass auch er an mir interessiert war. Es lag also etwas in der Luft. Und das obwohl wir noch gar nicht viel miteinander getanzt hatten, er mich noch gar nicht recht kennen konnte – und ich ihn ebenfalls nicht. Doch muss man sich richtig kennen, damit es funkt? Nein, sicher nicht. Ich wurde stets nervös, wenn ich mit Klaus einen der neuen Tanzschritte ausprobieren musste. Und unsere Berührungen trafen mich intensiv, auf wahrhaft angenehme Weise. Schon nach kurzer Zeit war ich mir sicher, auch wenn dies alles noch vollkommen neu für mich war: Ich war in Klaus verliebt.

Das kleine Glück auf der Tanzfläche habe ich mit ihm von da an noch mehr genießen können. Aber trotz all der vielen noch folgenden Übungsabenden bei den Meisters waren diese Momente letztendlich doch nicht ausreichend genug, um Klaus näher zu kommen. Wie sich bald herausstellte, grübelte nicht nur ich, wie wir uns noch näher kommen konnten, sondern auch er. Das war wunderbar! Schließlich fanden wir gemeinsam eine Lösung. Und zwar wollten wir uns künftig immer in der Mittagspause, also zwischen den üblichen Arbeitszeiten, treffen, was wir dann auch eifrig taten. Wir hatten nämlich das Glück, dass unsere Arbeitsstätten ziemlich dicht beieinander lagen. Klaus arbeitete damals in einer Schlosserei, und ich im Büro einer Spielwarenfabrik. Meine Eltern durften von diesem Plan und seiner Umsetzung natürlich nichts mitbekommen, denn ich war ja noch nicht volljährig – das war damals erst mit 21 Jahren gegeben. Also musste ich die noch vor mir liegende Zeit mit all der Strenge meiner Eltern weiterhin durchleben und auch durchleiden. Vater oder Mutter erlaubten mir nur das, was aus ihrer Sicht gut und richtig erschien. Klaus und ich trafen uns nun also ebenso heimlich wie häufig. Selbstverständlich blieben wir dabei immer anständig – so waren die Zeiten damals, und wo hätten wir uns auch im körperlichen Sinne näherkommen sollen, ohne dass wir einen Skandal riskiert hätten? Wir hatten ja keinen Rückzugsort, und in der Öffentlichkeit bei Tageslicht, also bei unseren Mittagsverabredungen … nun, da war damals nicht mehr als Reden möglich. Wenn ich trotz aller Elternstrenge mal ein echtes Rendezvous, eine abendliche Paarverabredung, möglich machen konnte, wählten wir ausnahmslos den gemeinsamen Kinobesuch. Zumindest konnten wir so unauffällig ein wenig miteinander schmusen und uns immer fester aneinanderschmiegen. So entstanden heilige Augenblicke, in denen wir uns gar nicht mehr voneinander trennen wollten. Unsere Körper und Köpfe waren hellwach, wir waren einfach total glücklich und verliebt. Vom Film selbst und von allem Drumherum haben wir natürlich stets so gut wie nichts mitbekommen. Das war uns aber gleichgültig: Hauptsache, wir waren dem Geheimnis der Liebe dafür näher auf die Spur gekommen. Nicht zu vergessen sind aber auch unsere Spaziergänge vor Eintreffen der Dunkelheit, im Dämmer-licht. Hier bot sich manchmal die beste – und natürlich auch genutzte – Gelegenheit, um noch in einer finsteren Hausnische einen Kuss zu erhaschen, um dann vor lauter Liebesglück schwebend wieder pünktlich unter dem Dach meiner herrschsüchtigen Eltern einzutreffen.

Nun noch einmal zurück zum Thema Tanzunterricht, in der Zeit aber nun nach vorne gesprungen: Der Mittel- und erst recht der Schlussball in der »Concordia Lüdenscheid«, seinerzeit das erste Haus am Platze, waren natürlich heiß ersehnte Höhepunkte. Umgeben von ganz besonderem Flair, haben Klaus und ich die Stunden bis um Mitternacht auf dem Parkett beide Male voll ausgeschöpft. Wenn ich mich recht erinnere, waren zum Abschlussball sogar meine Eltern anwesend. Vielleicht auch nicht, oder nur kurz vor Schluss, um mich abzuholen. Das weiß ich nicht mehr genau, war mir auch nicht wichtig, ob sie nun da waren oder nicht. Froh und glücklich war ich jedenfalls darüber, dass sie mir die Teilnahme am Tanzkurs überhaupt ermöglicht hatten. Denn dadurch konnte ich auf dem Mittelball schon, der sozusagen die Generalprobe darstellte, und erst recht auf dem eigentlichen Abschlussball ausführlich mit einem Partner meiner Wahl tanzen; und der war natürlich nur mein Klaus!

Ein wunderschönes Paar waren wir am Schlussballabend! Besonders schick hatte ich mich fürs große Fest angezogen. Dank Großmutters guten Beziehungen zur Schneiderin, besaß ich ein genau nach meinen Wünschen angefertigtes Kleid; es war zart-blau, in sich gemustertes, knöchellang und mit einem tiefen Rückenausschnitt versehen. Dazu dann meine selbst gegabelte weiße Stola über die nur knapp bedeckten Schultern ... Richtig stolz war ich damals auf mich – und auf meinen Klaus natürlich auch! Klaus im dunkelblauen Anzug, darunter das weiße Oberhemd und eine weinrote Krawatte: einfach toll sah er aus, ein super Partner an meiner Seite. Ich war unbeschreiblich verliebt in ihn! Leicht und beschwingt genossen wir das gemeinsame Fest; tanzten, schäkerten, amüsierten uns ... bis letztendlich die berauschende Ballnacht, die all unsere Erwartungen erfüllt hatte, vorübergezogen war.

Damit war unsere berauschende Zeit noch längst nicht zu Ende: Unser Treffplan zur jeweiligen Mittagspause ging weiterhin auf, die vereinzelten Abendrendezvous setzten sich fort. Zusätzlich trafen wir uns, mit Einverständnis seiner Eltern, nun regelmäßig bei Klaus. Und ich wurde für Klaus mehr und mehr zur ständigen Begleitperson, ging mit ihm zu sämtlichen Sport- und weiteren Veranstaltungen in oder um Lüdenscheid herum, an denen er teilnahm. Klaus war Mitglied sowohl in einem Fußball- als auch in einem Schwimmverein. Hinzu kam dann noch der Gesangverein. Bei vielen der Veranstaltungen außerhalb der Stadt und ihres Umkreises konnte ich leider nicht dabei sein: Über Nacht fern vom Elternhaus in meinem Alter, das war zur damaligen Zeit grundsätzlich nicht zu denken.

Und erst recht nicht, da meine Eltern doch noch gar nichts von meinem Glück mit Klaus ahnten. Aber Letzteres würde sich bald ändern, so meine Gedanken, obwohl ich das folgende Drama aus der Zeit vor der Bekanntschaft mit Klaus noch sehr gut vor Augen hatte: Während meiner Lehrzeit war ich an einem Sonntag mit einem jungen Mann aus dem Betrieb, in dem wir gemeinsam arbeiteten, spazieren gegangen. Meine Mutter hatte das irgendwie mitbekommen. Die Folge, obwohl ja gar nichts passiert gewesen war: Sie ist gemeinsam mit meinem Vater zu den Eltern des jungen Mannes marschiert und hat ihnen deutlich gemacht, dass ihr Sohn es nicht wagen sollte, mich jemals wieder anzusprechen oder gar einzuladen. Was für ein Theater! Mein Arbeitskollege, der sich schon ein bisschen für mich interessierte und den ich auch toll fand, machte ab sofort einen großen Bogen um mich.

Wie also meinen Eltern, vor allem meiner Mutter, die Sache mit meinem Klaus nun beibringen? Aufgeben wollte ich ihn nicht, verheimlichen konnte ich ihn nicht; schließlich lief es ja schon seit einigen Monaten zwischen Klaus und mir, und man sah uns des Öfteren auch zusammen. Es musste also heraus, dass es ihn gab. Unentwegt kreisten meine Gedanken nur noch um die Frage: »Wie kann ich das bloß anstellen?« Letztendlich entschloss ich mich dazu, meine Eltern nicht erst um Erlaubnis zu fragen oder dergleichen, sondern sie einfach vor vollendete Tatsachen zu stellen. Dann würden sie, so meine Hoffnung, die bestehende Situation bestimmt akzeptieren, und ein neues Drama könnte verhindert werden.

Vorgenommen, getan: Meine Erfahrungen mit Klaus hatte ich schon bald – wie in einem Bericht, natürlich voller Nervosität und Aufregung – meinen Eltern vorgetragen; noch dazu sogar geäußert, dass ich Klaus heiraten würde, sobald ich volljährig sei.

Meine Eltern – hauptsächlich meine Mutter – reagierten auffallend geschockt und bestürzt; sie zeigten sich bezüglich meiner Gefühle, gelinde ausgedrückt, unbeeindruckt und uneinsichtig. Tieftraurig war ich damals. Das nützte alles nichts. Unmittelbar nach der heftigen Auseinandersetzung, die hier folgte und zum

Teil sogar mit verletzenden Beschimpfungen versehen gewesen war, wurde, initiiert von meiner Mutter, sozusagen eine Krisensitzung zwischen Klaus' sowie auch meinen Eltern anberaumt.

Alle Hebel sollten nunmehr in Bewegung gesetzt werden, um die Beziehung zwischen Klaus und mir zu unterbinden. Doch die Eltern von Klaus, die schon lange Zeit Bescheid wussten und mich auch bereits gut kannten, sahen die Sache ziemlich locker. Sie nahmen es gelassen und verständnisvoll hin, dass ihr Sohn nun, mit annähernd zwanzig, eine Freundin hatte. Ich mochte die Eltern; wir waren uns sympathisch und ich fühlte mich in ihrer Umgebung richtig heimisch. Zumindest bis meine Eltern mit dieser Krisensitzung dazwischenfunkten, die in einem harten Ton endete. Doch immerhin: Die gute Beziehung zu meinen »Fast-Schwiegereltern« war jetzt zwar eingetrübt, aber dennoch nicht beendet. Wir kamen weiterhin gut miteinander aus, und ich ging nach wie vor auch zu ihnen, was meine Eltern nicht wussten. Sie hatten Verständnis für unsere Liebe, ließen uns sogar alleine in der Wohnung, wenn sie nicht anwesend sein konnten. Sie vertrauten uns halt. Das nutzten Klaus und ich auch gerne aus. Unbeobachtet haben wir dann auch geschmust, und mit der Zeit wurden wir immer neugieriger aufeinander – auf die Liebe …

Wir blieben also unzertrennlich, und mit seinen Eltern kam ich auch weiterhin wunderbar aus. Wir verlobten uns sogar, denn Volljährigkeit war dazu nicht erforderlich. Was aber eine Verlobung wirklich bedeutete, wussten wir damals gar nicht genau, hatten uns auch gar keine Gedanken darüber gemacht. Wir fanden es einfach schön, verlobt zu sein und von nun an goldene Ringe zu tragen: Unsere hochjauchzende Liebe hatten wir damit ein für alle Mal besiegelt.

Die Erwartungen meiner Eltern, dass Klaus bald Geschichte sein würde, waren also nicht in Erfüllung gegangen. Was blieb: Mit der neuen Liebes-Situation ihrer Tochter konnten sie sich einfach nicht anfreunden. Immer neue Vorwürfe kamen auf den Tisch, immer neue Streitereien wurden angezettelt. Und ich konnte mich ihnen leider unmöglich ganz entziehen, denn ich lebte ja mit ihnen unter einem Dach. Zudem war ich auch noch nicht volljährig.

Laufend wurde von meiner Mutter alles kritisiert; auch dass Klaus als Schlosser arbeitete, wurde ihm sehr negativ ausgelegt. Und allgemein, er passte meinen Eltern einfach nicht. Von einem eventuellen Schwiegersohn hatten sie grundsätzlich andere Vorstellungen gehabt. Wobei durchaus fraglich ist, ob aus ihrer Sicht überhaupt irgendein Mann hätte richtig sein können. Mir war es damals egal, was Klaus arbeitete; und auch sonst fand ich nichts an ihm auszusetzen. Wir liebten uns, und das genügte.

Heute übrigens denke ich über das mangelnde Verständnis und über die Strenge meiner Eltern ganz anders: Vielleicht war ihr damaliges Verhalten so, weil Mutter selbst so jung war, als sie geheiratet hatte, und sie sich für mich lediglich ein besseres Leben gewünscht hat. Damals hatte ich nie den Gedanken, dass sie vielleicht beschützend handelte, also, wie man sagt, die Hand über mich halten wollte. Ich verstehe und begreife heute vieles besser von dem, was Mutter oder Vater sagten. Vielleicht tue ich das. Aber vielleicht meinten sie es auch nicht so, wie ich es heute sehe. Wer kann das schon wissen?

Jedenfalls war ich von nun an mit Klaus verlobt, wir waren ein Paar, und meine Eltern konnten nichts daran ändern. Meine Eltern nicht, aber andere Umstände schon: Trotz allen Verliebtseins stiegen mit der Zeit Sehnsüchte in mir auf, die nichts mit Klaus zu tun hatten: In Nürnberg fand Jahr für Jahr die internationale Spielwaren-Fachmesse statt. Als Teil einer kleinen Besatzung aus Büro und Technik durfte auch ich stets zur Messe mitfahren und meine Verkaufstalente unter Beweis stellen. Das war wunderbar. Und ich freute mich jedes Jahr erneut auf diese Messebesuche in Nürnberg, Köln, Düsseldorf oder auch in Hannover. Während der jeweiligen Messe-Aufenthalte in Nürnberg waren wir stets in einem kleinen Hotel der Stadt untergebracht. Das fand ich damals schon toll: das Leben in Hotels und fern der Heimat. Vor allen Dingen ohne Kontrolle durch meine Eltern. Auch an Klaus, meinen Verlobten, dachte ich, wenn ich weg war, nur wenig. Es waren ja so viele ungewohnte Eindrücke, die ich während dieser Messen erhielt!

Für mich eröffnete sich stets eine besondere Welt. Durch mein Wirken auf den Messen hatte ich eine neue Vorstellung vom Leben gewonnen, auch durch Kontakte zu bedeutenden Leuten aus Konzernen und großen Warenhäusern. Mit einem Gefühl von Freiheit wollte ich nach einem solchen Leben in der Öffentlichkeit nun auch streben. In einem der Arbeitskollegen, so hatte ich den Eindruck, hatte ich einen recht guten Lehrmeister gefunden. Er war immerhin fünfzehn oder zwanzig Jahre älter und somit auch klar erfahrener als ich. Wir beiden mochten uns besonders gut leiden. Er hat mir übrigens, mit knapp neunzehn, das Rauchen beigebracht. Damals fand ich es toll, wenn Frauen rauchten. Nur meine Eltern durften das natürlich nicht wissen. 1990 habe ich mich von diesem Laster dann endlich befreit, und das von heute auf morgen!

Der Kollege und ich verbrachten aber nicht nur auf den Messen, sondern auch im Alltag außerhalb des Büros hin und wieder freie Zeit gemeinsam. Irgendwie knisterte es schon zwischen uns, und da war auch was ... Allerdings befand er sich anderweitig in festen Händen, und ich war ja auch verlobt. Eine schwierige Beziehung also miteinander. Letztendlich blieb zwischen uns alles platonisch, und mein Leben nahm wieder fast normale Grade an.

Doch das Kennenlernen des, aus meiner Sicht, schöneren Lebens, des Lebens auf gehobenem Niveau, wirkte mehr und mehr bei mir, so dass ich damals nach der Rückkehr von einem Messebesuche die Verlobung mit dem bisher so sehr geliebten Menschen Klaus kurz entschlossen löste. Es war mir in unserer Verbindung einfach zu langweilig geworden. Alles war mir mit einem Male zu eintönig und ohne besonders anregende Zwischenfälle erschienen. Gut, ich hatte natürlich noch Gefühle für Klaus, aber ich wusste: Ich musste mein Leben finden, und da würde mein Klaus nicht mehr hineinpassen. Abgesehen von allem Trennungsschmerz und aller Trauer wegen der konkreten gelösten Verbindung, die mich fortan noch begleiteten, vermisste ich allgemein auch jemanden an meiner Seite. Ich fühlte mich einsam, einsamer noch als vor Klaus; ich hatte ja geliebt, war geküsst worden und …

Klaus wusste allzu gut, dass er mein erster Mann war. Und es gibt ihn in meinem Herzen immer noch. Aber meine Träume, wie man so sagt, und meine Erwartungen waren eben doch nicht in Erfüllung gegangen. Er war halt nicht der Richtige – für den Moment war er es vielleicht gewesen, für das Leben nicht.

Für alle vier Elternteile sowie auch für Klaus war die Trennung natürlich eine unverständliche und auch betroffen machende Überraschung. Denn zwischen unseren Eltern hatte sich inzwischen ein harmonisches, fast freundschaftliches Miteinander entwickelt, und meine Eltern hatten, nach langem Ringen, Klaus inzwischen als gegeben akzeptiert. Und nun war mit einem Male alles zu Ende! Doch im Stillen dürften zumindest meine Eltern recht froh darüber gewesen sein. Auch deshalb schon, weil unser Umfeld, die Nachbarn und so weiter, stets mit Neugier an unserem Privatleben teilgenommen hatte.

Für die Freiheit übrigens eignete ich mich vorübergehend ganz gut; für mein Glück dagegen eher weniger. Denn ich hatte niemals das Gefühl, tatsächlich verstanden zu werden. Jedenfalls, ich ließ nun nichts unversucht, um auf diesem jetzt wieder offenen Weg meinem Wunsch nach Freiheit näherzukommen. Vielleicht auch einem Leben mit noch mehr Liebe und einem besseren Verstandenwerden. Einige wenige Erfahrungen mit der Liebe hatte ich ja schon gemacht. Das konnte bedeuten, erwartungsvoll in die Zukunft zu blicken. Der Verzicht auf die Liebe, was meine Trennung von Klaus ja war, zeigte sich jedoch bald sehr schmerzlich, und zwar so schmerzlich, wie ich es nicht erwartet hatte. Ich wusste und kannte das ja auch noch nicht. Nun, ich war innerlich doch nicht so frei, wie ich es gedacht hatte. Ablenkung und Zerstreuung suchte ich daher bald sehr bewusst durch meine intensive Büroarbeit in der Spielzeugfirma sowie auch im Umgang mit den jeweiligen Kunden und

Lieferanten. Hinzu kamen einige Erlebnisse mit Freundinnen, vor allem aber das allgemeine Familienleben, das sich aufgrund der Trennung mit Klaus mittlerweile wieder zum Guten gewendet hatte. Viel freie Zeit verbrachte ich damals außerdem mit Ursula, einer ziemlich engen Freundin. Sie war ein paar Jahre älter als ich, hatte schon einen Sohn aus ihrer gescheiterten Ehe, der aber vorwiegend bei ihren Eltern aufwuchs, weil sie tagsüber im Büro arbeitete. Die gesamte Familie lebte zusammen in einer sehr geräumigen Wohnung.

Mit Ursula habe ich sowohl die fröhlichen wie auch traurigen Stunden, die sich aus unseren »Liebeleien« zwangsläufig hin und wieder ergaben, teilen können. Ein ganz besonderes Ereignis ist für uns beide bis heute unvergesslich geblieben, ein Erlebnis, das mit sehr viel Freude, aber ebenso auch mit viel Seelenschmerz verbunden ist.

Die aufwühlenden und bewegenden Momente von damals, sehe ich heute – nach mehr als fünfzig Jahren – so, dass ihnen ein Schrei nach Liebe und Geborgenheit innewohnte. Um sie mir zu vergegenwärtigen, muss ich weit zurückgehen, bis tief in die sechziger Jahre:

Takis
- überraschende Heirat -

Zuwanderung in bedeutender Höhe, auch solche aus wirtschaftlichen Gründen, wie wir sie heute erleben, das ist eigentlich nichts Neues für die Bundesrepublik, sie prägte auch schon die damalige Zeit. Und ich habe hier meine ganz persönlichen Erfahrungen, die einen kleinen Einblick in das geben können, was Zuwanderung noch bedeutet – abseits der Zahlen und Statistiken. Es geht hier um das Zusammensein mit einem aus der Fremde, um die Anziehungskraft und die schwierigen Unterschiede.

Mit dem Mauerbau 1961 endete die Abwanderung von Bewohnern der DDR in die BRD. Gleichzeitig aber erhöhte sich die Zahl der Zuwanderer aus Südeuropa, denn es herrschte ja dringender Arbeitskräftebedarf. Griechen, Spanier und Italiener kamen fortan in großem Umfang als Gastarbeiter in die Bundesrepublik, oft übrigens gezielt angeworben, bis dann 1973 offiziell ein sogenannter Anwerbestopp ausgesprochen wurde.

Dieser Gastarbeiterzustrom beeinflusste das Land viel deutlicher und langfristiger sowie insgesamt ganz anders, als ursprünglich von den jeweiligen Gastarbeitern oder der Bundesrepublik beabsichtigt gewesen war. Die Ausländer, die damals nach Deutschland kamen, um hier zu arbeiten, gingen davon aus, dass sie nach einiger Zeit wieder in ihr Herkunftsland und zu ihren Familien zurückkehren würden. Und die deutsche Regierung, Industrie und Bevölkerung erwartete das ebenfalls. Integrationspolitik beschäftigte daher zunächst kaum jemanden. Erst viel später wurde dies zum offiziellen Themenfeld, und zwar, als sich herausstellte, dass von den Gastarbeiter doch etliche in Deutschland verblieben, teilweise ihre Familien nachholten, teilweise hier welche gründeten, und somit als Menschen – und nicht nur als Arbeiter – einen Teil einer neuen Gesellschaft bildeten.

Meine persönlich erlebte Geschichte beginnt an einem Sonntagnachmittag im Mai 1960 in einem Hotel am Stadtpark in Lüdenscheid. Pünktlich um fünfzehn Uhr war der landläufig bekannte Tanztee angesagt. Natürlich war ich mit meiner damaligen Freundin Ursula wie stets dabei. Es wurde abermals ein wahres Vergnügen, und zugleich mehr als nur das gewohnte: Dieses Mal hatte ich schon nach kurzer Zeit einen gut aussehenden Mann im Blick. Wir tanzten auch miteinander, und ich spürte ein besonderes Kribbeln im Bauch! Nur mit unserer Unterhaltung klappte es nicht recht, denn der schöne Typ war Grieche. Seine Deutschkenntnisse waren sehr unvollständig, was letztlich aber kein Hindernis für uns beiden darstellte. Unser Blickaustausch sagte ohnehin mehr, als Worte es vermocht hätten. Die Welt um uns herum hatten wir schnell vergessen ...

Doch irgendwann fiel mir meine Freundin wieder ein, und ich schaute mich leicht erschrocken nach ihr um. Hoffentlich war sie nicht beleidigt, weil ich mich so gefangen nehmen ließ von meinem Griechen ... Erleichtert stellte ich aber fest, dass Ursula auch eine Bekanntschaft gemacht hatte und sich offenbar bestens amüsierte. Wahrscheinlich hatte sie ebenfalls nicht mehr an mich gedacht. Gut! Ich wandte meine ganze Aufmerksamkeit wieder dem Griechen zu, und gemeinsam tanzten wir weiter bei froher Laune. Genossen sozusagen den Wonnemonat Mai. Ich hatte also ein wirklich tolles Mannsbild kennengelernt, und fühlte mich schon richtig verliebt in diesen Griechen. Dreizehn Jahre älter als ich, natürlich auch entsprechend erfahrener, und nicht zu vergessen: ausgestattet mit der Anziehungskraft eines (exotischen) Mannes aus dem südlichen Ausland.

Die Sympathien füreinander lagen wohl auf beiden Seiten, hatte ich das Empfinden. Also – musste das der Richtige sein, dachte ich im Stillen.

Und in der Tat: Aus einem vergnüglichen Nachmittag wurde schon bald eine ernsthafte Beziehung. Nun dauerte es nicht mehr lange, und der Grieche und ich waren Gesprächsthema in unserer Stadt. Lüdenscheid war mit knapp achtzigtausend Einwohnern zwar kein Dorf mehr, aber dennoch so klein, dass sich viele Leute untereinander kannten und auch übereinander redeten. »Unglaublich: Eine Tochter aus ›geordneter‹

Familie, hat ein Verhältnis mit einem Griechen, besser gesagt, mit einem Gastarbeiter …!« So und so ähnlich wurde dann geredet. Ein ganz schönes Getuschel und Geläster kam unter den Leuten wegen unserer Beziehung auf. Mir war das aber egal, ich hielt »die Ohren steif«, wie man so sagt. Setzte mich sogar gegen meine Eltern durch, indem ich an meinem Griechen festhielt. Er trug übrigens den schönen Namen Dimitrios, und Takis war sein Kosename.

Von nun an zeigten Takis und ich uns auch zunehmend zusammen in der Öffentlichkeit. Und darüber hinaus fanden geheime Treffs in seinem möbliert angemieteten Zimmer in der Altstadt von Lüdenscheid statt.

Dieses Zimmer wurde quasi unser erstes Zuhause, obwohl nächtlicher Damenbesuch dort eigentlich nicht erlaubt war. In Takis Nähe und im Kreise seiner griechischen Freunde fühlte ich mich vollkommen wohl. Zudem klappte es mit der Verständigung immer besser, zum Teil sogar ohne das Wörterbuch, das wir stets zur Hand hatten. Denn unsere aufregende und leidenschaftliche Liebe brauchte nicht immer ein Wörterbuch. Kurzentschlossen stand für mich also fest, dass ich mein Leben und alles mit Takis von nun an teilen wollte.

Aber so ganz einfach lief die Sache dann doch nicht ab, denn als ich meinen Geliebten schließlich abends oft heimlich auf mein Zimmer im Dachgeschoss bei meinen Eltern mitnahm, kam irgendwann der Knall. Sie erwischten uns, und das hatte natürlich harte Auseinandersetzungen zur Folge, die dann damit endeten, dass sie »den Ausländer« mitten in der Nacht von der Polizei aus dem Haus bringen ließen, und das vor den Augen meiner fünfjährigen Schwester Susanne. Ich folgte meinem Takis natürlich. Die Nacht war kalt und neblig, wir mussten ihre restlichen Stunden auf einem abgelegenen Parkplatz im Auto verbringen.

Nur gut, dass Takis überhaupt ein Auto hatte, wenn es auch nur ein alter Opel war. Unserer Liebe jedenfalls konnten auch solche Anfeindungen und Umstände nichts anhaben.

Auf die Dauer aber war das keine Lösung, nachts im Auto zu schlafen, um beieinander zu sein. Also was nun? Wohin? Oder doch weiterhin im Auto schlafen und von dort aus morgens zur Arbeit – ich ins Büro und Takis als Hilfsarbeiter in die Fabrik?

Wir dachten nach und suchten nach einer Dauerlösung! Das half: Wie vom Blitz getroffen musste ich plötzlich an meine geliebte Großmutter (mütterlicherseits) denken: Sie hatte sich ja bereits für meine »Griechen-Affäre« mit guten Worten bei meinen Eltern eingesetzt, also Partei ergriffen für mich und meine Liebe. Inzwischen wohnte meine Großmutter nicht mehr im Elternhaus; sie war zu ihrer Schwester Adele umgezogen. Adele, meine Tante, hatte nach dem Tod ihres Mannes allein in der Wohnung gelebt und freute sich nun natürlich über die neue Gesellschaft ihrer Schwester Ida.

Adele und Oma Ida; das war die Lösung! Gleich am nächsten Tag, schon ziemlich zum Morgengrauen, ging ich hin zu den beiden. Zwar mit klopfendem Herzen, aber dennoch zuversichtlich, denn ich kannte ja meine gutmütige und mich liebende Großmutter ganz genau, und auch zu Adele hatte ich einen guten Draht. Und richtig, die beiden hatten Erbarmen mit uns und unserer Not; sie gewährten uns tatsächlich Unterschlupf.

Für Takis und mich war die »Welt« vorläufig wieder in Ordnung. Es dauerte zwar nun eine ganze Weile mit der Gemeinsamkeit unter einem Dach, funktionierte aber recht gut. Bloß ein Dauerzustand durfte es nicht werden. Spontan war ich ja immer schon. Aber dieses Mal fiel meine Entscheidung noch schneller.

Ich gab Hals über Kopf nach meinem Elternhaus auch noch meinen Job auf, um mit Dimitrios/Takis, der seine Arbeit ebenfalls schmiss, in eine neue, vollkommen ungewisse Zukunft zu starten.

Mit kaum Geld in der Tasche machte ich mich also mit einem Mann, den ich gerade einmal knapp drei Monate kannte, auf nach Düsseldorf. Wir schlugen auf den

Rheinwiesen unser Zelt auf. Ein paar Nahrungsmittel hatten wir dabei, dazu natürlich auch Kleidung und dergleichen; und Wasser aus dem Rhein diente der täglichen Körperpflege. Ein Dach überm Kopf und das Nötigste zur Hand – das reichte uns für eine glückliche, zufriedene Zweisamkeit damals aus.

Nachdem wir dann einige Tage am Ufer des Rheins campiert hatten, machten wir uns auf die Suche nach einer Wohnung und neuen Jobs. Das war als deutsch-griechisches und unverheiratetes Paar natürlich nicht einfach. Die sprichwörtlichen Türen und Tore blieben uns vorläufig verschlossen. Unser Glück stand dadurch ziemlich auf der Kippe. So schnell wie möglich mussten wir also unsere »wilde Ehe« legalisieren; zumindest mit einer Heirat auf dem Standesamt. »Unverheiratet« sollte es bei allen Bemühungen, ob um Wohnung oder um Arbeit, nicht mehr heißen. Also was tun? Trauzeugen mussten her, sonst keine Eheschließung.

Adele und Oma Ida, sie konnten vielleicht weiterhelfen! Den Kontakt zu ihnen hatten wir gehalten, wir fragten sie, und tatsächlich: Adele wusste Rat. Ein Vetter meiner Mutter wohnte mit seiner Frau in Düsseldorf. Ich hatte noch nie etwas von ihnen gehört. Aber Adele kannte sie ziemlich gut, und sie nahm schnellstens Kontakt zu diesen Verwandten auf, führte sozusagen ein Vorgespräch; und das mit Erfolg! Mein Liebster und ich gingen dann, als im Grunde schon alles geklärt war, natürlich selbst noch hin mit der Bitte, uns als Trauzeugen zu begleiten. Dazu erklärten sich die Verwandten dann bereit. So heiratete ich also einen Mann, den ich kaum kannte, vor Zeugen, die mir völlig fremd waren, in einer Stadt, die fernab von meiner Heimat war und mit der ich bis dahin nichts zu tun gehabt hatte.

Egal: Taki und ich waren nun rechtmäßig ein Paar. Deutsch-griechisch zwar und weiterhin ohne Einkommen, doch immerhin ein echtes Ehepaar.

Und das reichte auch schon, um ein richtiges Dach (anstelle nur eines Zeltdachs) über dem Kopf zu bekommen: Schon bald hatten wir ein schönes möbliertes Zimmer in einer herrschaftlichen alten Villa in Oberkassel entdeckt, einer der besten Wohngegenden von Düsseldorf – und die Vermieter, zwei ältere deutsche Damen, nahmen uns. Für unsere Verhältnisse war das Zimmer zwar sehr kostspielig, aber es gefiel uns, und wir waren auch einfach froh, einen ordentlichen Unterschlupf gefunden zu haben. Die beiden Damen bewohnten die untere Etage. Alle übrigen Räume waren vermietet an Personen verschiedener Nationalitäten. Wahrscheinlich dachte man in Düsseldorf schon damals nicht so kleinkariert wie in Lüdenscheid (nur ohne Trauschein, das wäre selbst hier nicht gegangen!). Mein Takis und ich waren total froh und glücklich darüber, endlich ohne Hasten und Rasten »zuhause« angekommen zu sein. Und wer im Haus alles wohnte, interessierte uns nicht. Ich glaube, ich war wohl die einzige deutsche Mieterin im Haus. Denn es begegneten mir fast täglich Menschen mit Gesichtern, die denen der Deutschen kaum ähnlich waren. An eine dieser Begegnungen, vielmehr an einen Schreck im Treppenhaus, kann ich mich noch gut erinnern: Ein Schwarzer war mir eines Tages im Haus begegnet. In seinen Augen leuchtete das Weiße; auffallend auch, weil alles andere so schwarz war. Ein ungewohnter, überraschender Anblick! Ich zuckte erst einmal zusammen. Vielleicht so, als hätte plötzlich ein Geist vor mir gestanden. Afrikaner waren damals in Deutschland noch eine große Seltenheit. Da hatte dieser Anblick des schwarzen Mannes mit den quasi unnatürlich weißen Augen schon etwas Verstörendes. Im allerersten Moment natürlich nur, der Schrecken wart schnell überwunden – und er kam auch nie wieder, nun kannten wir uns ja, der nette Mann und ich.

Eigentlichen Kontakt mit ihm hatten wir – wie mit allen Mietern aus dem Haus – aber nicht. Mit den beiden Damen aus dem Erdgeschoss hingegen freundeten wir uns schon recht bald an. Wir verbrachten manche Stunden mit ihnen zusammen. Hin und wieder führten wir auch ihren Dackel am Rhein aus.

Für große Unternehmungen reichte unser Geld nicht, obwohl wir mittlerweile neue Arbeitsstellen gefunden hatten. Aber wir waren zufrieden, liebten uns und alles war gut. Gut fanden wir zunächst auch, dass wir in der gleichen Firma, bei dem Maschinenbauer Rhode und Dörrenberg in der Hansa-Allee, arbeiteten; ich im Büro im Verkauf, mein Mann als Hilfsarbeiter im Betrieb. Dass er als Hilfsarbeiter eingesetzt war, gefiel ihm ganz und gar nicht, wie es ihm bei seiner Hilfsarbeiter-Stelle in Lüdenscheid auch nicht gefallen hatte, schließlich hatte er Abitur gemacht. Das nützte ihm aber nichts, denn seine Deutschkenntnisse reichten für mehr nicht aus. Und über eine Ausbildung verfügte er auch nicht.

Mein schöner Grieche wurde immer unzufriedener mit Deutschland und mit seiner Arbeit. Das löste auch in mir Traurigkeit aus und schließlich sogar Schuldgefühle. Kurzentschlossen kündigten wir unsere Arbeitsstellen und die Unterkunft – und gingen zusammen nach Griechenland, in Takis Heimat. Mit einem wahren Vehikel von Auto, seinem klapprigen Opel, machten wir uns nun auf, voller Hoffnung auf eine erfolgreiche Zukunft. Unser letztes Hab und Gut brachten wir zu Beginn der Reise in ein Leih-Haus, um unsere Reisekasse aufzufüllen. Später gingen dann leider sämtliche Gegenstände, wie Schmuckstücke, Bücher und Porzellan, in den Besitz des Leih-Hauses über, da die Einlöse-Frist von drei Monaten überschritten wurde.

Das war so nicht geplant gewesen, doch hätten wir sicher nicht anders gehandelt, wenn uns der Verlust dieser Dinge klar gewesen wäre. Unsere Liebe war trotz aller Hindernisse, die sich uns in den Weg stellten, nicht zu erschüttern gewesen. Und das große Abenteuer, unsere glückliche Zukunft, auf die wir ja hofften, begann!

Deutschland – Österreich – Jugoslawien – Griechenland: Eine Strecke von über dreitausend Kilometern musste bewältigt werden. Mehr als sechsunddreißig Stunden waren wir mit unserer Klapperkiste on the road. Durch Wüstengegenden führte es uns und auf teils praktisch halsbrecherischen Wegen – gerade wenn sie durch Gewässer oder Wälder verliefen – von Nord nach Süd. Autobahnen waren damals, anno 1960, in Jugoslawien und Griechenland kaum vorhanden, und wenn es mal welche gab, waren sie oft noch nicht vollständig ausgebaut. Doch wir ließen uns nicht aufhalten auf unserem Weg in die Zukunft, meisterten die anspruchsvolle Strecke zügig: Unsere wenigen und kurzen Unterbrechungen dienten lediglich zum Tanken, als Toiletten-Stopps und zur Beschaffung der erforderlichen Einreise-Papiere für Jugoslawien und Griechenland. Geschlafen wurde im Laufe der Reise so gut wie nicht. Nur hin und wieder machten wir ein kurzes Nickerchen im Auto; gewaschen haben wir uns unterwegs an Tankstellen oder Rastplätzen.

Dort besorgten wir uns auch Nahrung und Getränke, als unsere Vorräte langsam ausgingen.

Dass wir so eilig unterwegs waren, lag dabei aber nicht nur an unserer Zukunftserwartung, Jugoslawien im Jahr 1960 habe ich in sehr schlechter Erinnerung behalten: Die Menschen lebten in unwürdigsten Verhältnissen. Unser Auto wurde mehrfach angehalten. Wir wurden belagert und bestohlen. Es war unterwegs also nicht nur abenteuerlich, sondern auch höchst gefährlich für uns. Oft hatte ich große Angst und ersehnte nur noch die baldige Ankunft in unserer künftigen Heimat. Und endlich war sie dann auch da!

Total erschöpft in Griechenland, genauer in Thessaloniki angekommen, wurden wir von den griechischen Eltern sehr herzlich aufgenommen. In Worten verstehen konnte ich zwar nur wenig und sagen noch weniger. Doch wir verständigten uns einfach mit Händen und Füßen – und natürlich auch mit meinen paar Brocken Griechisch. Das ging irgendwie ganz prima. Obwohl mein neues Leben in der Fremde erst beginnen sollte, empfand ich sofort ein wohliges Gefühl. Ich genoss gleich diese familiäre Wärme, die mir entgegengebracht wurde. Sie war wunderbar für meine Seele! Meine Mutter war mir immer nur mit Vorwürfen und Zurechtweisungen gegenübergetreten, oft sogar mit Härte, auch als ich noch ein Kind war; und mein Vater hatte zum Teil die gleiche Richtung eingeschlagen.

Vielleicht bin ich auch deshalb in den Armen eines Griechen, eines warmherzigen Südländers, gelandet.

Über drei Monate verbrachten wir bei den griechischen Eltern. Schnell war ich da in die Verwandtschaft und den Freundeskreis eingeführt. Diese Liebenswürdigkeit und das ganze Drumherum mit der wilden Gestik und so weiter, das kannte ich von Haus aus so gar nicht. Und auch nicht das Gefühl, selber der Exot zu sein: Eine Deutsche – und noch dazu mit blonden Haaren! – Das war 1960 in einer griechischen Familie schon etwas Außergewöhnliches. Ich sorgte also für Aufsehen. Und fühlte mich doch heimischer denn je. Unsere Liebe glühte nun besonders heiß und innig. Und sie blieb wohl nicht ohne Folgen: Bald musste ich, da ich große Schmerzen hatte, in eine Frauenklinik. Ein Eingriff wurde vorgenommen, ohne Betäubung. Ich bin mir fast sicher, dass ich eine Fehlgeburt hatte. Aufgrund der Sprachschwierigkeiten weiß ich es jedoch nicht genau. Ich weiß nur zweifellos, dass ich viele Tage im Bett liegen musste – nicht im Krankenhaus, sondern in meinem griechischen Zuhause. Und dass ich unter heftigen Nach-OP-Schmerzen litt.

Das Leben ging weiter. Den wahren Überblick über das tägliche Geschehen konnte ich mir nach wie vor aber nicht so recht verschaffen: Tagsüber war mein Mann nur selten in Sichtweite. Irgendwann im Laufe des Tages kam er nach Hause, und auch dann wurde, wegen der Familie, Griechisch gesprochen, Deutsch so gut wie gar nicht, nur ganz spät, wenn wir mal alleine waren. Notgedrungen lernte ich ein wenig Griechisch bei den Eltern und Poppi, der Schwester meines Mannes; sie war mit einem Militärarzt verheiratet. Gerne war ich mit Poppi zusammen; sie konnte Klavier spielen, und ich habe ihr gern dabei zugehört. Außerhalb der elterlichen Wohnung durfte ich mich allerdings, wegen der OP, nicht aufhalten. Doch wozu auch; ich kannte ja niemanden im Ort. Ich fühlte mich trotz allem recht gut aufgehoben und in keiner Weise eingeengt.

In meinem neuen Zuhause wurde nachmittags Mokka getrunken. Aus dem umgestülpten Kaffeesatz wurden fantasievolle Zukunfts-Geschichten gelesen und vorgetragen. Ein alter Brauch der Griechen. Das Beisammensein war immer recht gemütlich, und vor allen Dingen, ich war ja nach wie vor in meinen Mann verliebt. Ich fühlte mich also rundum wohl.

Dimitrios fand schließlich in einem Betrieb seiner Verwandtschaft eine Anstellung, wurde bald sogar Mitinhaber. Finanziell ging es uns sehr gut; wir blieben aber im griechischen Elternhaus wohnen. Während meines weiteren Auslandaufenthaltes lernte ich nun auch immer mehr von Griechenland und den antiken Sehenswürdigkeiten kennen. Kirchen, Tempel und Katakomben, die ich zusammen mit Dimitrios besuchte, beeindruckten mich. Es war alles ganz anders als in Deutschland. Schon der griechisch-orthodoxe Glaube unterscheidet sich sehr von der westlichen katholischen Religion. Es war jedes Mal ein erhabenes Gefühl, in einem orthodoxen Gotteshaus oder in den Katakomben von Saloniki zu sein. In Düsseldorf hatte ich schon einen kleinen Einblick in diese andere Welt bekommen und war sogleich fasziniert gewesen.

Aber die Entscheidung, für immer in Griechenland zu bleiben, hatten wir noch nicht getroffen, zumal unsere standesamtliche deutsche Eheschließung in Griechenland nicht anerkannt wurde. Erst durch das Zeremoniell einer orthodoxen Trauung war die Ehe in Griechenland rechtsgültig. Dieses Thema wurde jedoch zunächst nicht von uns diskutiert. Wir ließen uns Zeit.

So harmonisch, wie es angefangen hatte, blieb es leider nicht: Meine Eltern schlugen Alarm. Mit Hilfe von Bittbriefen, Rechtsanwälten und Polizei sollte versucht werden, mich aus Griechenland zurückzuholen. Sie hatten ausfindig gemacht, wo ich lebte. Von den Bittbriefen meiner Eltern war ich natürlich sehr ergriffen. Darin beteuerten sie ihre Liebe zu mir und ihre sehnsüchtige Hoffnung, dass ich nach Deutschland zurückkehren würde, mit oder ohne Mann. Dass sie Interpol und Rechtsbeistände eingeschaltet hatten, baute natürlich negativen Druck auf, wobei letztendlich nichts passieren konnte und auch nicht geschah: Ich war ja aus freien Stücken in Griechenland und noch dazu volljährig. Ich konnte tun und lassen was ich wollte. Inzwischen liebte ich auch Thessaloniki mit dem Weißen Turm, Sinica, Kallithea, Ditikis Macedonias Nummer 9, meinen Mann, meine neue Familie und das Land. Ich wollte dort sein, und hatte auch jedes Recht dazu.

Doch die Bittbriefe … Der Neubau meiner Eltern sollte in Kürze bezogen werden, und es konnte, so versicherten sie, eine gute gemeinsame Zukunft unter einem Dach entstehen. Und sie vermissten mich und liebten mich so sehr und …

Mehr und mehr dachte ich nun an meine Eltern und an meine kleine Schwester. Heimweh machte sich in meiner Seele breit - ich litt. Doch sollten wir das Risiko der totalen Aufgabe unserer derzeit guten Finanzsituation, unserer allgemein angenehmen Lebensverhältnisse wirklich eingehen? Wir waren ratlos. Nach ausgiebigen Familiengesprächen im griechischen Elternhaus kamen wir letztendlich zu dem Entschluss: Auf ein Neues und gemeinsam zurück nach Deutschland! Schon allein wegen meines Seelenfriedens. Eine geeignete Arbeitsstelle würden wir gewiss finden; für mich sicher und für Takis hoffentlich auch, da er als jetzt mein Mann nach Deutschland gehen würde und nicht mehr als Gastarbeiter.

Mit großer Freude und Offenheit wurden wir von meinen Eltern empfangen. Meine kleine Schwester war inzwischen fünf Jahre alt und zu einem netten kleinen Mädchen herangewachsen. Große Dispute auf allen Ebenen – sowohl zwischen den Eltern und mir sowie meinem Mann, als auch zwischen meinen Eltern und ihrem Kind, das auch nach dem Recht noch ein solches war – schienen begraben. Aber dieser friedliche Zustand in der Familie war leider nur von kurzer Dauer.

Nach nur wenigen Wochen war das vertraute Dilemma wieder gegenwärtig: Der griechische Schwiegersohn war meinen Eltern einfach nicht gut genug. Und ich konnte ihnen allgemein, wie früher, im Grunde nie was recht machen. Ein Zusammenleben in dem neu gebauten Elternhaus, dessen Bezug unmittelbar bevorstand, wurde uns untersagt. Ich konnte es kaum fassen. Kaum nötig hinzuzufügen: Zwischen meinen Eltern und mir krachte es wieder heftig.

Also wohin? Gott sei Dank fanden wir kurzfristig ein möbliertes Zimmer und auch gleich Arbeitsstellen für uns beide. Ich im Büro, mein Mann im Betrieb. Aber die Jobs gefielen uns nicht, und wir waren sehr unzufrieden. Unsere Beziehung wurde mehr und mehr angespannt. Von unserer neuen Zukunft hatten wir nun wirklich ganz andere Vorstellungen gehabt. Mein Mann, annähernd vierzig, machte das alles bald nicht mehr mit. Er wollte nicht allein, ohne Freunde und Familie, für eine Ehe, die immer schlechter lief, und einen Job, den er verabscheute und der schlecht bezahlt war, in der Fremde sein. Und schon nach kurzer Zeit ging er erneut zurück nach Griechenland, alleine, ohne Ankündigung – für immer.

Ich blieb allein in einem möblierten Zimmer zurück und fühlte ich mich lange Zeit nur noch einsam und traurig. Ich wollte meinem Mann nach Griechenland folgen. Aber ... – Mit niemandem konnte ich über meine Empfindungen und Sorgen sprechen. Menschen, die mir zuhörten oder mich gar verstehen würden, fand ich damals nicht. Meine verworrenen Gedanken – meine Gefühle – ich war verzweifelt und total am Boden zerstört. Ich wollte Dimitrios erneut folgen, aber war überhaupt noch genügend Liebe da? Genügend Liebe, um nochmals ein neues Leben beginnen zu können, nachdem er das alte so schmählich beendet hatte? Darauf konnte ich mir damals selbst keine Antwort geben. Und dann noch die ganzen rechtlichen Fragen ...

Letztendlich fand ich einen guten Rechtsanwalt, der mir zunächst vor allem seelische Unterstützung bot. Stundenlange Sitzungen fanden statt. Ich war hin- und hergerissen. Was sollte ich tun? Was war die richtige Lösung für mein Problem als verlassene Ehefrau?

Schließlich lautete die Entscheidung: endgültige Trennung vom griechischen Ehemann. Sie wurde unter dem Zeichen der Vernunft getroffen, empfohlen letztlich von meinem Anwalt auch wegen der Mentalitätsunterschiede.

Und natürlich gestützt von meinen Eltern. Ob diese Entscheidung die richtige war, weiß ich bis heute nicht. Jedenfalls sollte Deutschland meine Heimat bleiben beziehungsweise wieder werden. Die Scheidung wurde eingeleitet.

Das war recht kompliziert: Nur ich, hier in Deutschland, war ja nach dem Gesetz verheiratet, mein Mann, dort in Griechenland, nicht. Und er lehnte zudem das Thema Scheidung ab. Forderte mich gar dazu auf, alsbald in Griechenland nach vollzogener griechisch-orthodoxer Hochzeit mit ihm gemeinsam eine Familie zu gründen. Briefe mit Liebesbezeugungen trafen ständig aus Griechenland ein. Doch trauen konnte ich ihnen nicht. Sie mochten Taktik sein, geschrieben und verschickt nur, um der Scheidung nicht zuzustimmen zu brauchen. Sie mochten wegen verletzter Ehre oder verletzter Gefühle, etwa wegen meines Scheidungswunsches, entstanden sein. Vielleicht aber erinnerte er sich wirklich unserer guten Zeit – und meinte auch das, was er mir schrieb. Doch selbst das hätte wohl kaum gereicht, oder? Und wie sollte ich ihm noch vertrauen, so sehr vertrauen, dass ich mein Leben auf ihn aufbauen konnte, nachdem er mich so schmählich hatte sitzenlassen?

Ich blieb also in Deutschland, und die Zeit arbeitete für mich: Zwei Jahre später war die von mir eingereichte Scheidung der deutschen Ehe automatisch rechtskräftig, ganz ohne seine Zustimmung. Endlich war ich nun diese Sache los – aber auch noch nicht ganz: Denn ich hatte ein Darlehen aufnehmen müssen, um sämtliche Kosten für Rechtsanwälte, Gerichte, Konsulate und Botschaften bezahlen zu können, und dieses galt es natürlich noch abzutragen. Eine lange finanzielle Durststrecke lag vor mir – und eine einsame Zeit. Was war mir geblieben: Trauer – Zweifel – an meiner großen Liebe?

Das »Abenteuer Griechenland«, wenn es mich auch noch verfolgte, lag immerhin endlich hinter mir. Als getrennt lebende beziehungsweise geschiedene Frau Anfang zwanzig wohnte ich bereits zwei Jahre wieder – für einen geringen Mietanteil – im Elternhaus. Der Kontakt klappte allerdings nicht so recht, blieb abgekühlt. Durch meine vorausgegangene Heirat und Scheidung fühlten sich meine Eltern in ihrem Ansehen geschädigt.

Ich kam aber zurecht, unter anderem weil meine Oma Ida und Tante Adele ja noch da waren. Sie unterstützten mich sogar finanziell, damit ich meinen aus der »Griechensache« entstandenen finanziellen Verpflichtungen nachkommen konnte, zudem war es mir durch ihre Hilfe möglich, meinen Führerschein zu machen und ein eigenes Auto anschaffen. Ich hatte zwar einen gut bezahlten Job im Büro eines Industriebetriebes und konnte mir auch allerlei leisten. Aber für ein Auto und andere große Dinge oder Verpflichtungen hätte es nicht gereicht.

Nach bestandener Fahrprüfung im Juni 1962 kaufte ich bald mein erstes Auto, einen gebrauchten VW Käfer. Ein großes Ereignis für mich. Und noch heute weiß ich das Kennzeichen: LÜD-KR 91. »Krachmacher« nannten ihn meine Freundinnen. Lustig!

Ein Auto zu haben, fand ich toll! Denn wer konnte sich in so jungen Jahren schon ein Auto leisten? Oma Ida, deren einziges Enkelkind ich war, bis 1955 meine Schwester Susanne geboren wurde, erfüllte mir neben diesem auch noch so manchen anderen Wunsch, obwohl sie selbst von einer kleinen Rente leben musste. Sie war sehr bescheiden und hat viel für mich getan. Das werde ich niemals vergessen, und noch heute denke ich oft an sie, auch wenn es sie schon lange nicht mehr gibt – 1963 ist sie im Alter von 65 Jahren gestorben.

Mein Leben war zwar nicht vollkommen, doch es zeigte für mich einiges aufwärts. Und die Hoffnung, dass doch noch alles gut, alles besser würde als in den Jahren zuvor, hatte ich nicht aufgegeben.

Und richtig, einiges besserte sich auch: Das Verhältnis zu meinen Eltern gestaltete sich in der Tat allmählich harmonischer. Und die früher miteinander verbrachten Teestunden kehrten sozusagen in diese, meine neue Zeit, wieder zurück. Außerdem war Oma Ida, meine Großmutter mütterlicherseits, inzwischen auch wieder von Adele in unsere Mitte zurückgekehrt. Das freute mich besonders.

Aber trotz aller neuen Harmonie im Elternhaus, dem dadurch nun guten Wohnen, sowie der schon länger guten neuen Arbeit und so weiter – also das bestehende Privat- und Berufsleben praktisch reibungslos lief – war es nicht das Leben, was ich mir wirklich wünschte: So ganz ohne Liebe, ohne einen Freund an meiner Seite, fühlte ich mich nach einer gewissen Zeit doch ein wenig einsam und leer.

Claus
- zweite Heirat -

Ein Tag im September 1963 – etwa zwei Wochen vor Vaters Tod – brachte schließlich den erhofften Um- und Aufschwung in diesem Bereich (wenn auch leider nicht auf Dauer, doch das konnte ich damals ja nicht ahnen): Claus, ein junger Mann aus der Nachbarschaft, noch keine dreißig, stand plötzlich an diesem herbstlichen Sonntagnachmittag vor unserer Haustür. Mit seiner Schwester Margret war er irgendwann über mich ins Gespräch gekommen; wahrscheinlich, ebenso wie viele andere Leute auch, über meine Griechenaffäre. Dadurch hatte er sich wohl an mich erinnert. Margret kannte ich aus dem gemeinsam besuchten Konfirmandenunterricht und, wie Claus auch, lose aus der Nachbarschaft.

Ganz spontan lud mich Claus zu einer Spazierfahrt ein. Das hatte mich natürlich erstaunt, und meine Eltern erst recht. Unsere traditionelle Teestunde, die gerade beginnen sollte, fand nun zwangsläufig zu viert statt – nämlich mit meinen Eltern, Claus und mir.

Nach einem recht kurzen und ungezwungenen Geplauder bei Tee und Keksen verabschiedeten Claus und ich uns schließlich und sausten mit dem schwarzen BMW V8 davon. Claus hatte das Auto erst vor wenigen Tagen von seinem damaligen Freund A.,

Tankstellenbesitzer und Gebrauchtwagen-Händler günstig erworben. »Eigentlich eine Nummer zu groß für ihn«, dachte ich. Doch natürlich hat es mir gefallen, zu zweit in diesem tollen Auto durch die Landschaft zu düsen, obwohl ich nach einer Weile zu meinem Schreck erfahren musste, dass die Bremsen am BMW nicht ganz in Ordnung waren. Zum Glück war der Mangel offenbar nicht groß: Claus erwähnte ihn auch nur beiläufig, und sagte, dass alles gar nicht so schlimm sei und er bereits einen Reparatur-Termin vereinbart habe. Damit war ich beruhigt. Heute denke ich mir allerdings, das war schon etwas leichtsinnig, schließlich hatte ich wenig Ahnung von Autos (ich wusste nur, und das allein war mir wichtig, dass an meinem VW Käfer alles funktionierte). Außerdem kannte ich Claus im Grunde nicht und konnte diese Aussagen also nicht recht einschätzen. Nun ja, damals dachte ich mir jedenfalls: »Wird schon alles gut gehen!« Und ich genoss weiterhin die gemeinsame Spritztour.

Ein erster Zwischenstopp war angesagt am »Café Moses« (exklusiver Florentiner Stil), am Listersee zwischen Attendorn und Meinerzhagen gelegen. Hier offenbarte mir Claus nun auch Weiteres über seinen Spontanbesuch. Für uns beide müsse es – selbst wenn wir bereits einige Katastrophen im Gepäck hätten – auch noch ein wenig Spaß auf der Welt geben. Und daher sei ihm der Gedanke, Gewesenes bei einer gemeinsamen Spritztour zu verdrängen oder gar zu vergessen, eben spontan in den Sinn gekommen.

Was ich bis dahin noch nicht wusste, dass sein Verlöbnis mit Edda auseinandergebrochen war, erwähnte Claus noch so nebenbei. Zudem hatte er, ähnlich wie ich meist, ständig Ärger mit seiner Familie. Zum einen wegen seiner Frauengeschichte und eben wegen finanzieller Probleme aufgrund einer geschäftlichen Misere ...

Sein Plan, dass wir bestens abgelenkt sein sollten, hat trotz dieser Themen, die nun eben auch ihren Raum einnahmen, wunderbar funktioniert. Wir hatten bei guter Unterhaltung einen wunderbaren Herbst-Ausflug gemacht. Und ein bisschen Kribbeln – einige der berühmten Schmetterlinge im Bauch – verspürte ich schon. Im Stillen wünschte ich mir eine baldige Wiederholung des Treffens.

Leicht beschwingt, bestens gelaunt kehrte ich nach unserer »Reise durchs Sauerland« nun zurück nach Hause. Allerdings war ich erstaunt, als Mutter mich an der Haustür schon in Empfang nahm. Ähnlich wie auf ein Schulkind, das, weil es seine Hausaufgaben nicht erledigt hatte, bestraft werden musste, redete sie sofort auf mich ein. Fürchterlich!

Los ging der Redeschwall, der nie zu versiegen schien, ungefähr so: »Dieser Claus ist ein großer Spinner, immer schon gewesen, ein Luftikus und auf keinen Fall der Mann, der vielleicht auch nur irgendwann als eventueller Schwiegersohn in unser Haus einziehen wird! Lass bloß die Finger von ihm, sonst ...«

Wieder einmal musste ich die mir in Art und Ton bekannten Mutterworte über mich ergehen lassen. Und wie immer stärkte Vater natürlich meiner Mutter den Rücken – und das obwohl er Claus nie zuvor gesehen hatte, also nur einen allerersten Eindruck von ihm während der gemeinsamen Tee-Stunde am Nachmittag her haben konnte.

Unbegreiflich für mich, was sich da wieder zusammengebraut hatte. Zumal nachmittags von all dem nichts zu spüren gewesen war. Und Mutter kannte Claus ebenfalls nur sehr flüchtig, aus der Nachbarschaft. Meine Eltern konnten daher gar nichts richtig beurteilen. Und das hielt ich ihnen auch vor. Aber für sie stand fest, dass sie über ein genaues und treffendes Bild von Claus zu verfügten, an dem es nichts zu rütteln gab.

Ich dachte natürlich nicht daran, den Kontakt zu Claus abzubrechen und mein eventuelles Glück mit ihm aufzugeben. Vielmehr suchte ich seine Nähe, jetzt erst recht. Und wir trafen uns ab nun außerhalb meines Elternhauses, was meiner Mutter jedoch nicht verborgen blieb. Meine Eltern beruhigten sich also nicht; ein »Familienkrieg« entstand. Nur noch das Nötigste wurde untereinander ausgetauscht, ansonsten war Ruhe zwischen den Fronten, wenn es nicht gerade wieder ordentlich krachte.

Nur Oma Ida, die ja auch im Haus wohnte, ließ mich nicht im Stich. Damals nicht und überhaupt niemals. Ihre Liebe und ihre allzeit große Zuneigung sind mir bis zu ihrem Tode im November 1963 erhalten geblieben. Selbst in dieser schwierigen Situation war sie für mich da. Mit ihr konnte ich reden. Dabei hat sie sich, quasi mit diplomatischem Geschick, aus den Streitereien zwischen meinen Eltern und mir heraus-gehalten, um das Feuer nicht noch zusätzlich zu schüren.

Meine kleine, damals achtjährige Schwester konnte noch nicht begreifen, was im Haus eigentlich los war. Sie war hin- und gerissen, sie liebte ja uns alle.

Es ergab sich also eine komplizierte Familienkonstellation, die für niemanden erfreulich war und auch im Grunde völlig Unbeteiligte betraf. Leider!

Diese unglückliche Situation trieb mich viele Male vom Elternhaus fort. Aber zwischen Claus und mir lief alles gut. Meine freie Zeit verbrachte ich von nun an fast ausschließlich mit ihm, wenn er nicht unterwegs war, was jedoch häufiger vorkam. Schließlich brummte er als Fernfahrer einer internationalen Spedition auf riesigen Monstern von Lastkraftwagen – mit jeweils ellenlangen Anhängern hinter sich – quer durch Deutschland und darüber hinaus.

»Unterwegs« – das hatte Claus bereits zu Anfang unseres ersten Gespräches im Zusammenhang mit seinem Beruf schon erwähnt. Darüber war ich natürlich stutzig geworden, denn ich hatte in Erinnerung, dass er Kaufmann gelernt hatte und bei einem Herrenausstatter beschäftigt war. Deshalb staunte ich schon ein wenig, als er von seinem Job als Fernfahrer sprach. Doch ich nahm's so hin und hakte nicht weiter nach. Mit der Zeit erfuhr ich dann aber doch, warum er diese ungewöhnliche Arbeit machte: In den Jahren zwischen seiner Zeit beim Herrenausstatter und der als Fernfahrer war er als selbständiger Handelsvertreter für ein Büromaschinen-Unternehmen tätig gewesen, war aber Pleite gegangen und hatte nun noch erhebliche Altlasten aus dem Konkurs an verschiedene Gläubiger abzutragen. Und als Fernfahrer mit zahlreichen Zusatz- und Nachtschichten hatte er die Möglichkeit, genug Geld zu verdienen, um neben der Tilgung auch seinen Lebensunterhalt noch recht gut bestreiten zu können. Schulden einfach Schulden sein zu lassen, war nicht sein Ding gewesen.

Nach allem, was ich inzwischen so erfahren hatte, konnte ich den Gedanken »Mein Leben steht halt unter einem ungünstigen Stern« nicht ganz beiseiteschieben. Denn ich war ja jetzt mit einem hochverschuldeten Mann zusammengekommen! Was mich aber nicht davon abhalten konnte, gemeinsam mit Claus für unser wahrscheinliches Glück, für unsere Liebe zu kämpfen. Nur wenige Wochen nach Vaters Tod, im Oktober 1963, ist Claus dann auch zu mir ins Elternhaus gezogen, in dem ansonsten nur noch meine kleine Schwester lebte. Meine Mutter, die Vaters Freitod nervlich nicht verkraftet hatte, musste vorerst in der Psychiatrischen Klinik bleiben, in die sie nach ihrem Zusammenbruch eingeliefert worden war. Ihre Wohnung im Haus ließen wir währenddessen unbewohnt.

Der Einzug des ungeliebten Quasi-Schwiegersohns so kurz nach dem Tod meines Vaters und dem Zusammenbruch meiner Mutter mag vielleicht etwas merkwürdig erscheinen, gar einen schalen Beigeschmack verursachen. Doch er war gar keine freie Entscheidung, sondern eine Notwendigkeit. Denn meine Großmutter, die damals zunächst meine neunjährige Schwester versorgt hatte, so dass ich ins Büro gehen und einen noch vergleichsweise normalen Alltag führen konnte, war nur knapp vier Wochen nach Vaters Tod in Folge eines Schlaganfalls am 2. November verstorben. Eine echte familiäre Tragödie war also insgesamt entstanden. Für meine Schwester musste ich nun auch die volle Verantwortung übernehmen. Und das ging nur mit Claus' Hilfe, wir mussten beide vor Ort sein, in meinem Elternhaus.

Claus und ich hatten natürlich auch unsere kleinen Startschwierigkeiten im gemeinsamen Leben; aber wir rauften uns schnell zusammen, bewältigten die allgemein schwierige Zeit und kümmerten uns gemeinsam um meine kleine Schwester. Obwohl dies alles sehr schwierig war, war ich doch hoffnungsvoll: Mein eigenes Glück begann ja erst! Enttäuschungen, Verzweiflung und Trauer hatten lange genug meinen Weg begleitet, war ich der Meinung. Und endlich hatte ich das Gefühl, dass doch einmal etwas bleiben würde – die Liebe zwischen Claus und mir! Ich fand das Leben trotz der vielen Hindernisse, die noch zu überwinden waren, wieder lebenswert. Und ich plante gemeinsam mit Claus weit in die Zukunft hinein.

Die meisten Menschen im Umfeld konnten das nicht verstehen; sie redeten und lästerten hinter meinem Rücken ... aber das kannte ich ja schon aus früheren Jahren. »Scheißegal«, dachte ich, »es ist mein Leben.«

Im Februar des neuen Jahres, also rund fünf Monate nach unserer ersten Spritztour, stellte sich dann heraus, dass ich schwanger war. Claus und ich haben dann am 27. April 1964 standesamtlich und auch kirchlich geheiratet. Die Hochzeit feierten wir in aller Bescheidenheit im kleinen Kreis zuhause. Claus im geliehenen schwarzen Anzug und ich im anthrazitfarbenen Kostüm, in dem die Rundungen der guten Hoffnung schon deutlich erkennbar waren. Aber das machte uns alles nichts aus. Wir waren glücklich!

Mehr schlecht als recht eingerichtet wohnten wir in zwei Zimmern plus eigener Küche im Elternhaus, in dem neben uns nur noch meine Schwester lebte. Das einzige Möbelstück in unserem Schlafzimmer war damals ein altes Feldbett aus stabilem Eisen, das aus alten Wehrmachtsbeständen übrig geblieben war. Recht kühl war es in dem Zimmer, und das Metallbett war noch kälter. Unsere wenigen übrigen Möbel, im Wohnzimmer und in der Küche, waren auch nicht die besten, sondern auf dem Dachboden, im Keller oder bei Bekannten zusammengesuchte Stücke. Erst nach und nach konnten wir uns auch neue Möbel kaufen. Unsere Lebensumstände waren also recht erbärmlich, doch unser Glück wurde hierdurch nicht beeinträchtigt.

Auch nicht dadurch, dass wenig Freizeit da war: Selbst an den Wochenenden hatte ich oft nicht frei, da besuchte ich Mutter in der Klinik, bis sie schließlich als geheilt entlassen wurde. Aber irgendwann dann doch wieder eingewiesen wurde und ich sie natürlich erneut besuchte. Bis sie wieder entlassen und dann wieder eingewiesen war … Rund sechs Jahre dauerte dieser ständige Wechsel zwischen Entlassen und Einweisen in die Klink.

Der Geburt unsres ersten Kindes sahen wir trotz allem Elend mit Freuden entgegen. Im November 1964, gegen dreizehn Uhr, kam unser Kind dann auf die Welt, ein kräftiger Junge, über acht Pfund schwer und siebenundfünfzig Zentimeter groß. Auf den Namen Jan Dirk Bruno Albert wurde er getauft. Die letzten beiden Namen waren ausgewählt anhand der Vornamen meines Vaters (Bruno) und meines Schwiegervaters (Albert). Genannt wurde er allerdings immer nur Dirk. Claus war außerordentlich stolz auf seinen Sohn; und er nannte ihn »Sonnenschein«, was ich besonders lieb fand.

Zwangsläufig war es zunächst mit meiner Büroarbeit vorbei. Mutter war ich geworden, nicht nur für Dirk, sondern immer wieder und immer öfter auch für meine Schwester, und zwar dann, wenn unsere Mutter wieder in eine Klinik eingeliefert werden musste. Dass mir mein Arbeitgeber während alle dieser Zeit wiederholt mit viel Verständnis entgegengekommen ist und Susannes Lehrerin auch immer wieder mal den Nachmittag über auf meine Schwester aufgepasst hat, war zwar sehr hilfreich, aber es hätte auch kein Dauerzustand werden können. Also war meine Rolle als »Doppelmutter« sozusagen die beste Lösung, und die Rolle blieb vorläufig. Doch wie sollte das werden mit den Schulden, mit der laufenden finanziellen familiären Verantwortung – und ohne mein Einkommen? Die Sorgen waren schon groß!

Aber alles ging gut. Durch stetes Bemühen, um nicht zu sagen Betteln, und intensiven Schriftwechsel mit den Gläubigern konnten wir sogar erreichen, dass durch Vergleiche ein Teil der Schulden erlassen wurde.

Aber der Gerichtsvollzieher blieb uns dennoch nicht erspart.

Immerhin, einigermaßen kamen wir letztlich über die Runden. Und vor allem: Wir liebten unser Kind und uns und meine Schwester, wir liebten unser Familienleben. Es war keine schlechte Zeit.

Zudem geschah etwas, was einerseits traurig war, uns andererseits aber weiterhalf: Mein Schwiegervater, Albert, verstarb am Heiligen Abend 1964. Zu der Zeit war Albert einer der reichsten Leute der Stadt. Zahlreiche Immobilien, Markt- und Handelsgeschäfte, und ein Lebensmittelladen waren in seinem Besitz. In dem Laden, allein geführt von meiner Schwiegermutter Elfriede, hatten Claus und ich anfangs auch günstig einkaufen können. Hin und wieder hatten wir dort sogar etwas geschenkt bekommen.

Natürlich waren wir von der Todesnachricht betroffen, obwohl die verwandtschaftlichen Kontakte nicht bestens bestellt waren – Claus war und blieb der Außenseiter der Familie. Erst nach unserer Heirat hatten sich die Familienzerwürfnisse etwas gemildert, und wir besuchten uns hin und wieder auch gegenseitig. So war der Kontakt zu meinen Schwiegereltern und zu den fünf Geschwistern meines Mannes also nie ganz abgerissen. Er gestaltete sich zwar nie spannungsfrei, erwies sich jedoch als erträglich.

Nach Alberts Tod aber änderte sich dies: Die Spannungen wurden unerträglich. Ungewissheiten und Befürchtungen über das Erbe, das Vater Albert hinterlassen hatte, tauchten auf, und je näher der Termin zur Testamentseröffnung rückte, umso angespannter wurde die Familien-Situation. Wahrscheinlich bestand die große Befürchtung, Claus, das schwarze Schaf, könnte reich bedacht werden. Ich gebe zu, im Stillen hofften wir natürlich auf Erbschaft und darauf, dass wir das, was wir uns zurechtphantasiert hatten, auch bekommen würden. Aber mit dem Reichtum wurde es nichts. Wir gingen fast leer aus. Denn bei der Testamentseröffnung stellte sich heraus, dass mein Mann kein leibliches Kind von Albert, sondern während der Ehe von einem anderen Mann gezeugt worden war. Das war natürlich ein Schock für uns!

Diese Offenbarung, nach fast dreißig Jahren, musste erst einmal verkraftet werden. Und es kam zu vielen Diskussionen, die allerdings wenig brachten. Letztendlich bekamen wir zwölftausend Mark aus dem Pflichtteils-Anspruch, und wir quittierten nach kurzer Zeit den Kontakt mit der Sippe Lüsebrink endgültig.

Immerhin: Unsere Wechselschulden konnten ziemlich abgelöst werden, so dass wir finanziell erstmals einigermaßen freie Bahn für eigene Pläne hatten. Die hatten wir zusätzlich natürlich auch dadurch, dass ich zur finanziellen Unterstützung der Familie abends, wenn Dirk schlief und auch Susanne versorgt war, an der Großbaustelle für das neue Sportkrankenhaus Helleren, direkt neben unserem Grundstück, in den Holzbaracken die Büroräume der Bauingenieure putzte. Das wurde gut bezahlt, noch dazu gab es manchen Schein extra. Darüber hinaus habe ich Büroarbeit von zu Hause aus erledigt. Mein früherer Arbeitgeber stellte mir eine Schreibmaschine zur Verfügung, und so konnte ich hier und da für ihn und andere manch einen Auftrag erledigen und noch etwas dazu erwirtschaften.

Sofern Mutter aus der Klinik entlassen und wieder einmal zu Hause war, haben wir gemeinsam in Heimarbeit auch Kunststoffbaldachine für Lampen montiert. Dann war Mutter stets sehr umgänglich, und es entwickelte sich eine allgemein gute Zeit für unsere Familie. An meiner kleinen Schwester Susanne und an Dirk, meinem Sohn, hatten wir natürlich viel Freude.

In meiner freien Zeit, die dann noch übrig blieb, gab es viel zu handarbeiten. Alte Pullover und Schals habe ich aufgeribbelt und die schönsten Sachen für Dirk daraus gestrickt; er war immer gut angezogen. Meistens trug er als Kleinkind Lederhosen und Pullover, und so war er für das Spielen im großen Sandkasten hinter unserem Haus stets startklar. Claus hatte ihn selbst zusammengezimmert, zwei mal zwei Meter – riesig groß; fast wie eine Sandlandschaft für ein kleines Kind.

Als Schmuck für unsere Wohnung knüpfte ich außerdem Teppiche. Das war damals groß in Mode. Mit anderen jungen Müttern wurden Kaffeekränzchen arrangiert, um uns gegenseitig die selbst gemachten Prachtstücke zu präsentieren und weitere Anregungen zu erhalten oder Tipps zu geben. Derweil spielten die Kinder miteinander, und wir Mütter hatten gute Unterhaltung.

Kurzum: Reich waren wir nun wirklich nicht, auch wenn die Schulden nicht mehr sehr drückten und Mutter und ich teilweise hinzuverdienten sowie auch Claus weiterhin viel in Doppelschichten LKW fuhr. Man kann insgesamt schon von einem finanziell eingeschränkten Leben sprechen, in dem wir die Finanzsorgen selten ganz loswurden. Aber sie waren erträglich. Wesentliche wichtiger als Geld war für uns ohnehin, dass es viele schöne Stunden im Haus gab. Und die gab es eben. So an sich schon und darüber hinaus auch fast regelmäßig und zuverlässig, wenn wir während Mutters Abwesenheit hin und wieder einzelne Zimmer tageweise an Besucher des Krankenhauses oder an Angestellte von Firmen vermietet hatten. Die finanzielle Last wurde dadurch natürlich weiter gemildert, und zusätzlich hatten wir auch noch etliche interessante Unterhaltungen, also allgemein gesehen recht amüsante Stunden mit den verschiedensten Leuten.

Sogar ein Schwede wohnte einmal im Haus – das war damals wirklich etwas Exotisches! Als Volontär arbeitete er in einem großen Elektrowerk. Nur wenige Wochen nach seinem Einzug kam sogar seine Familie aus Helsingborg zu Besuch angereist. Als Gastgeschenk brachten sie ein viereckiges Waffeleisen aus original Schwedenstahl mit. Ein ganz besonderes Geschenk, über das wir uns sehr freuten und das wir auch gerne für süße Stunden nutzten. Trotz der Sprachschwierigkeiten auf beiden Seiten war das Miteinander mit der Schwedenfamilie ein lustiges Vergnügen. Sogar ein herzliches Verhältnis war schon bald untereinander entstanden. Lange Zeit haben wir noch miteinander korrespondiert, sowohl mit dem ehemaligen Volontär als auch mit seinen Eltern in Schweden.

Wenn Mutter mal wieder zuhause war, gab es übrigens auch Tages-Gäste oder Untermieter, die bewirtete sie dann allerdings stets in ihrer Wohnung.

Das gefiel ihr, schon weil sie so von ihren trüben Gedanken abgelenkt wurde, und außerdem konnte sie so ihre geringe Rente ein wenig aufbessern. Alles in allem verlief unser Familienleben gar nicht schlecht. Doch schon Anfang Juni 1966 gab es einen weiteren großen Einschnitt für uns; einen sehr bemerkenswerten Höhepunkt: Claus und ich machten uns in der Heimat der Drahtzieher-Industrie in Altena, im Nettetal selbstständig. Nur fünfzehn Kilometer vom Elternhaus entfernt. Gleich zwei Lebensmittelgeschäfte, die miteinander verbunden waren, konnten zu günstigen Bedingungen von der VeGe-Lebensmittelgeschäfts-Kette übernommen werden – inklusive einer zugehörigen Wohnung.

Entsprechend dem Einzelhandelsgesetz mussten natürlich verschiedene Prüfungen absolviert werden und ein ärztliches Gesundheitszeugnis musste her. Personal für Geschäft und Haushalt wurde vom Vorgänger übernommen. Und ein tolles Auto leisteten wir uns schließlich auch; ein Opel-Kapitän aus zweiter Hand war's.

Von nun an waren wir Geschäftsleute. Mit Feuereifer erledigten wir noch einige Renovierungsarbeiten, bestellten Waren, dekorierten Schaufenstern und starteten also in diese neue Arbeitswelt, führten so ein Leben, an das ich selbst im Traum nie gedacht hätte …

Die einzige große Einschränkung in dem allseits guten Leben war der enorme zusätzliche Arbeitsaufwand außerhalb der eigentlichen Arbeits-, also der Geschäftsöffnungszeiten. Zum Beispiel hieß es sonntags: riesengroße Milchkannen spülen, Waren auszeichnen und vieles mehr, wenn andere Leute in ihrer Freizeit spazieren gingen. Das begeisterte uns sicher nicht immer. Aber dafür konnten wir uns auch manchen Wunsch erfüllen. Und für das eigene Geschäft arbeitet man ja immerhin lieber als für fremde Chefs.

Mutter und Susanne kamen auch öfter zu uns nach Altena und halfen kräftig mit. Und ich konnte es kaum begreifen, wenn Mutters psychische Krankheit einfach mal wieder unangemeldet dazwischenfunkte. Das passte nicht so recht in das neue, ansonsten doch störungsfreie Leben – wurde aber auch gemeistert. Kurzum: Alles hätte weiter ruhig so schön und gut sein können, wie es war.

Aber auch diese Periode war leider nur von kurzer Dauer. Der Pkw sowie die Kühlanlagen und andere Geräte ließen uns im Stich. Die bisher guten Umsätze kamen zum Erliegen, und wir standen erneut vor dem Ruin, genauer: vor einem Berg voller Schulden. Pleite! Die Geschäfte wurden geschlossen, und die Darlehen mussten zurückgezahlt werden ... Doch wovon?

Besonders schlimm war es, dass die Wohnung auch geräumt werden musste; sie gehörte ja zu den Geschäften. Zudem war unsere alte Wohnung im Elternhaus inzwischen vermietet, und die nicht vermieteten Räumlichkeiten waren von Mutter, die zum Glück (allgemein und weil Oma Ida inzwischen ja nicht mehr lebte und Susanne ja, erst neun, noch versorgt werden musste) dauerhaft wieder zuhause war, und von Susanne belegt. Was sollte geschehen? Wohin mit unserer kleinen Familie?

Vorübergehend zogen wir dann doch ins Elternhaus nach Lüdenscheid. Zwar unter ein nicht isoliertes

Dach, durch das uns auch schon mal ein wenig Schnee und Regen ins Gesicht fiel, aber eine Bleibe hatten wir zunächst. Alles Weitere würde sich finden, dachten wir in dem Augenblick.

Wir hatten Glück, denn Claus hatte schon bald eine Arbeitsstelle, und aus der Pleite kamen wir einigermaßen glimpflich heraus, weil für die Geschäfte schnell ein Nachfolger gefunden wurde, der übrigens auch finanziell in der Lage war, durch Renovierungen und Neuanschaffungen den heruntergekommenen Läden ein neues Gesicht zu geben und sie wieder zum Laufen zu bringen. Der größte Teil unserer drohenden Schuldenlast konnte dadurch abgefangen werden.

Der neue Job meines Mannes war eine Betriebsleiterstelle in einem Kunststoffbetrieb in Bad Berleburg im Hochsauerland, etwa 130 Kilometer von Lüdenscheid entfernt. Die Entfernung störte mich natürlich schon etwas, aber das Angebot klang von allen Seiten sehr beeindruckend: Betriebswohnung, gutes Gehalt und Dauerstellung. Prima! Und Claus' Optimismus hatte sich innerhalb kürzester Zeit auch auf mich übertragen.

Also zog unsere Familie kurzfristig mit Sack und Pack nach Bad Berleburg. Zudem waren die Familienbande und die Situation mit Mutter und Susanne damals total in Ordnung. Mutters Gesundheitszustand schien stabilisiert, so dass ich auch da Hoffnung haben konnte, dass nun endlich dauerhaft Ruhe einkehren würde. Beide kamen auch schon bald mit der Bahn angereist und besuchten uns. Als Geschenk für die neue Wohnung brachten sie einen Fernseher mit. Was Besseres hätten wir uns als Einzugspräsent kaum vorstellen können.

Es sah also alles recht gut aus. Doch wieder einmal folgte nur zu bald der Knall: Knapp ein halbes Jahr nach unserem Einzug wurde mein Mann entlassen, weil seine Leistungen als Betriebsleiter nicht den Vorstellungen des Chefs entsprachen. Das führte natürlich zu größten Zerwürfnissen, auch innerhalb unserer Ehe. Streitigkeiten über Mittellosigkeit waren die Folge. Und da in diesem Unglück alles mit allem zusammenhing, brach auch unsere Liebe auseinander. Schließlich wurde ich von Claus verlassen. Seine Anschrift hinterließ er nicht, wahrscheinlich ging er ohne Ziel, ohne auch nur selbst eine Ahnung zu haben, wohin. Die Geschichte einer Ehe – wie man sich denken kann, eine traurige Angelegenheit; ähnlich den »Szenen einer Ehe« von Ingmar Bergmann in seinem so betitelten Buch.

Da saß ich nun mit meinem Kind, allein in einer abgelegenen Stadt, ohne Einkünfte. Mit gerade mal achtundzwanzig Jahren wurde ich zum Sozialfall. Das Ganze lief auf eine Katastrophe zu. Rückblickend hatte diese Situation, was ja bei Beziehungsbrüchen so gut wie immer der Fall ist, ihre Ursache in den unterschiedlichen Mentalitäten. Es konnte nicht gutgehen: Claus war lebensfroh und immer Optimist, oft sogar übermütig, was ich natürlich auch sehr anziehend fand, dazu aber auch schwach und eitel. Ich verfügte gewiss über ein bodenständigeres Naturell, brauchte auch Sicherheit und Gelingen, nur immer der große Traum, das reichte mir nicht. Ich hatte letztlich nur noch einen Wunsch: ein Familienleben in geordneten Bahnen.

Nun, das gab es natürlich erst einmal nicht. Doch Dirk hat Gott sei Dank nicht alles mitbekommen, nicht von den Streitigkeiten und nicht von den Folgen. Er war ja erst drei Jahre alt. Als ich die Betriebswohnung räumen musste, überkam mich plötzlich ein Gefühl der existentiellen Unsicherheit, mir war so, als würde ich mit meinem Sohn über kurz oder lang auch zu den Heimatlosen zählen. Schlimm, alles war schiefgelaufen!

Die Möbel und aller Kleinkram – inzwischen war es mir auch egal, was alles mit auf Tour gehen sollte – wurden auf Kosten des Sozialamts wieder nach Lüdenscheid ins Elternhaus transportiert. Und mit meinem Sohn wohnte ich vorübergehend in Susannes Kinderzimmer. Sie selbst schlief derweil mit Mutter im elterlichen Schlafraum. Alles regelte sich fast wie von alleine.

Der Mieter war dann auch schnell so freundlich, sich eine neue Wohnung zu suchen, und ich konnte mit Dirk schon bald in meine alte Wohnung im Elternhaus wieder einziehen. Ich lebte also erneut mit Dirk in Lüdenscheid, und zwar unter einem Dach mit Susanne und meiner Mutter. Erneut begann eine schwere Zeit für mich. Ich fühlte mich unendlich allein und verlassen. Keinem wünsche ich diese Einsamkeit! Besonders hart war, dass ich immer noch nichts von Claus gehört hatte: Nicht zu wissen, wo sich der Vater des eigenen Kindes aufhält, das ist schon wirklich schlimm. Es war eine riesige Qual – die erst endete, als dann ein Lebenszeichen von ihm aus Köln kam.

Schnellstens suchte ich mir eine Arbeitsstelle, damit ich mit Dirk auch ohne Sozialamt leben konnte. In einem Elektro-Konzern bekam ich eine Bürostelle im Verkauf – und gleichzeitig auch einen Platz im betriebseigenen Kindergarten für meinen Sohn. Das war ideal. Doch leider ging das nicht lange gut. Die Kantinenkost bekam Dirk nicht, er wurde ernstlich krank. Anzeichen einer Lebererkrankung zeigten sich sogar. Also musste ich diesen Job, gerade angefangen, schon wieder aufgeben und nach neuen Möglichkeiten suchen.»Immer nur auf der Suche!«, dachte ich mir zutiefst niedergeschlagen.»Das ist wohl der Leitspruch für mein ganzes Leben.«

Doch zum Glück musste ich auch jetzt nicht lange suchen, denn bei meinem früheren Arbeitgeber konnte ich sofort wieder anfangen. Zudem setzte sich der Chef dafür ein, dass mein Sohn in einem nahegelegenen katholischen Kindergarten unterkommen konnte und später in der ebenfalls katholischen Kindertagesstätte – obwohl Dirk und ich evangelisch waren. Das war super. Und meine Arbeitszeit konnte ich dann auch noch nach den jeweiligen Öffnungszeiten von Kindergarten und -tagesstätte ausrichten. Das war ebenfalls ein großes Entgegenkommen, und ich freute mich wirklich darüber, war sehr dankbar dafür.

Mutter war, nach einer langen Zeit der Stabilität, nun leider erneut zur psychiatrischen Behandlung in der Klinik. Meine Schwester führte nach der Schule, so gut es ging, den Haushalt. Weitgehend war sie tagsüber auf sich allein gestellt. Aber der Kontakt zu ihrer früheren Grundschullehrerin, Frau Winter, war bestehen geblieben, und diese kümmerte sich hin und wieder um Susanne – und zuweilen auch um Dirk und mich. So spielte sich das Leben allmählich ein, und die Welt sah nicht mehr ganz so traurig aus. Irgendwann war dann auch mein Ehemann wieder präsent. Wir wollten es noch einmal miteinander versuchen. Aber wie sich herausstellte, war von meiner Seite aus am Ende kein Verzeihen möglich. Er hatte mich zu sehr enttäuscht, unsere Familie im Stich, alles rücksichtslos hinter sich gelassen. Ein Riss dieser Art konnte nicht wieder gekittet werden. Auch nicht dadurch, dass er mich wirklich liebte, was er zweifellos tat.

Hinzu kam, dass Claus auch nicht den richtigen Job fand. Er arbeitete mal hier, mal da, wurde mal entlassen, mal schmiss selber hin. Wir trennten uns, reichten im Dezember 1968 die Scheidung ein. Doch ein Schlussstrich konnte selbst so nicht gezogen werden. Claus liebte seinen Sohn und kämpfte um ihn – und natürlich auch um mich, da er mich ja auch weiterhin liebte. Er wollte uns jetzt beweisen, dass er doch ein guter Ehemann und Familienvater sein konnte. Claus machte sich wieder selbständig: Er kaufte einen gebrauchten Lkw und fing an, im Handel mit Obst und Gemüse sein Geld zu verdienen. In einer kleinen Mietwohnung hatte er zusammen mit seinem Mitarbeiter das Büro eingerichtet. Nach seinen Schilderungen lief das Geschäft ganz gut; er zahlte auch prompt Unterhalt für Dirk.

Trotz aller Höhen und Tiefen zwischen uns, war das Gefühl füreinander noch vorhanden – die Trennung war ja nur kurz – und im August 1969, nach einem guten halben Jahr, war es so weit, dass wir uns wieder trafen und gemeinsam mit unserem Sohn schöne Dinge unternahmen, Ausflüge in die Natur, zu Veranstaltungen oder sonst alles Mögliche.

Wir kamen so des Öfteren zusammen, und es schien wieder ein harmonisches Familienleben zu geben, und zwar wie bei einem echten Elternehepaar mit ihrem geliebten Kind. Auch die romantische Liebe zwischen uns war, als sei sie neu erweckt worden. Es wurden sogar Zukunftspläne geschmiedet; doch umsetzen mochte ich diese nicht so schnell.

Denn ich wollte möglichst wenig Risiko eingehen und deshalb zunächst einmal alles belassen, wie es war. Es lief ja ganz gut so. Ich hatte eine gute Arbeit, Dirk war tagsüber gut versorgt, und meine Schwester, die das Geschwister-Scholl Gymnasium besuchte und absolut vorzeigbare Noten hatte, wurde langsam erwachsen. Sie bedurfte nicht mehr großer Pflege und Obhut, konnte die Anwesenheit ihrer großen Schwester aber wohl noch gebrauchen – und ich die ihre. Auch mit Claus und mir ging es so wieder besser, als ich jemals erwartet hätte. Eine intensive und völlig neue Liebe hatte uns jetzt miteinander verbunden. Warum also etwas ändern? Ich war zufrieden und hoffte, dass mein rastloses Leben endlich zur Ruhe kommen würde.

Doch das tat es nicht. Auch diese euphorischen Wochen gingen plötzlich zu Ende, und zwar auf das Allerschrecklichste, so dass ich hier eigentlich gar nicht mehr weiterschreiben mag. Und auch erst einmal, um diesem Thema noch etwas auszuweichen, darauf eingehe, wie es mir danach ging: Wieder einmal war mir, als hätte ich einfach nicht das Recht, glücklich und zufrieden zu sein. Unfassbar bohrende Zweifel plagten mich. Warum war das Leben so grausam zu mir? Diese Frage habe ich mir oft genug gestellt und gehadert mit Gott, mit meinem Glauben. Wenn es Gott wirklich gab, dann konnte er doch nicht so viel Leid an mir geschehen lassen! Ich habe Gott dann auch verlassen.

Doch nun zu dem, was zu beschreiben mir so schwer fällt. Was war passiert? Am 15. Oktober 1969, ungefähr zur Mittagszeit, hatte das Telefon geläutet. Dirk annähernd fünf Jahre alt, war gleich hingelaufen und hatte den Hörer bereits in der Hand. Ich übernahm natürlich sofort – und hörte:»… Autobahn-Polizei, ein schrecklicher Verkehrsunfall …« Völlig verstört und unkontrolliert legte ich auf. Ich bekam Angst, rief irgendwas in den Raum, meine Knie waren weich und fingen an zu schlottern. Obwohl ich doch noch gar nicht wusste, was genau geschehen war. Es waren ja nur Wortfetzen, die ich mitbekommen hatte.

Nicht lange, dann klingelte das Telefon wieder. Ich zögerte damit, ranzugehen. Doch es klingelte beharrlich weiter. Ich hob ab, drückte den Hörer stumm ans Ohr und bemühte mich hinzuhören. Die Stimme am anderen Ende wiederholte das zuvor Gesprochene und ergänzte dann schließlich:»Aufgrund der Wetterverhältnisse mit dichtem Nebel und schlechter Sicht sind am Kamener Kreuz mehrere Fahrzeuge ineinander gerasselt. Der Lkw von Ihrem Mann war daran beteiligt – Massenkarambolage, Genaues weiß man noch nicht …«

Kaum hatte ich vor lauter Unglauben den Hörer wieder auf die Gabel gelegt beziehungsweise fallen lassen und mich vom Telefon abgewandt, klingelte es erneut. Wie ein Alarm, kam es mir vor, was da hinter meinem Rücken die Luft zerriss. Geistesabwesend und mehr routinehalber griff ich mit meiner Linken nochmals nach dem Hörer.

»Ihr Mann ist tot, bis zur Unkenntlichkeit entstellt«, hörte ich nur noch. Eine unbeschreibliche Atmosphäre füllte im Nu den Raum, und ich war augenblicklich wie betäubt.

Später habe ich dann noch erfahren müssen, dass mein »Ehemann« von riesigen Bandeisen-Rollen des nachfolgenden Lastwagens überrollt worden ist und nach der Obduktion sofort in einen verschlossenen Sarg gekommen war ... lediglich die Armbanduhr konnte zugeordnet werden. Mit ein paar anderen Überbleibseln – Aktentasche mit einigen Unterlagen und so weiter – habe ich sie später zugeschickt bekommen. Die Uhr hat mein Sohn; bei ihm ist sie als stete Erinnerung an seinen Vater gut aufgehoben.

Ich redete immer weiter vor mich hin, wanderte im Zimmer auf und ab und überlegte völlig ratlos, was nun zu tun sei. Hinfahren zum Unfallort Lippborg, auf der Autobahnstrecke zwischen Neubeckum und Beckum, durfte ich nicht. Der schreckliche Anblick würde meine Nervenkraft übersteigen, so die Ansicht der Autobahn-Polizei.

Nichts konnte ich zunächst also tun, aber auch nichts begreifen. »Was muss jetzt geschehen?«, fragte ich mich selbst immer wieder.

»Die Familie anrufen«, das war schließlich mein erster sinnvoller Gedanke. Denn obwohl der Kontakt ja abgebrochen war, mussten seine Mutter und seine Geschwister informiert werden. Sie waren eben die nächsten Angehörigen. Also rief ich einen nach dem anderen an. Aber diese – auch noch mehr als grausame – Todes-Nachricht berührte sie nur wenig, hatte ich den Eindruck. Die Mutter und Geschwister von Claus nahmen sie halt zur Kenntnis und reagierten so, als sei es keine Katastrophennachricht, die ich da übermittelte, sondern irgendetwas ganz Normales.

Nach Überführung des Leichnams von Beckum nach Lüdenscheid richtete der »Lüsebrink-Clan« die Beerdigung karg und nüchtern im engsten Familienkreis aus, mit dem üblichen Kaffeetrinken danach. An diesem habe ich nicht teilgenommen, wenn ich mich recht erinnere. An der Beerdigung hingegen selbstverständlich. Ich wollte Abschied nehmen können – und Claus sollte auch unbedingt diese letzte Ehre von mir erwiesen bekommen. Dirk, der ja erst knapp fünf war, wurde derweil von meiner Schwester zuhause betreut.

Die Beerdigung war natürlich ein besonders schwieriger Tag. Auch weil sich der »Lüsebrink«-Clan abermals sehr kühl gab.

Was mich allerdings am Ende positiv überraschte, war, dass Jochen, der älteste Bruder von Claus, auf dem damaligen Friedhof Piepersloh eine ordentliche Grabstätte hatte einrichten lassen, und dass er diese von da an regelmäßig und auch entsprechend der Jahreszeit selbst bepflanzte. Vielleicht war es ja echte Verbundenheit, die ihn dazu trieb, auch wenn man in den Jahren zuvor nichts davon gemerkt hatte. Oder es war auch nur, damit die Familie in der Öffentlichkeit nicht unangenehm auffiel. Das weiß ich nicht. Es wäre schön für mich, glauben zu können, dass Jochen so sein echtes Trauerempfinden zum Ausdruck bringen wollte.

Mein Sohn hat seine Verwandten väterlicherseits kaum kennen gelernt, nie hat sich jemand von diesen Verwandten um das Wohl meines Sohnes gekümmert. Lediglich einmal, als Dirk vierzehn war, hat Oma Elfriede ihn eingeladen und ihm eintausend Mark geschenkt. Meines Wissens war das exakt die Summe, die automatisch von der Berufsgenossenschaft zu den Beerdigungskosten beigesteuert wurde. Vielleicht handelte es sich auch um das Straf-Geld vom Unfall-Verursacher.

Das war's dann; weitere nennenswerte Lüsebrink-Kontakte gab es nicht. Für meinen Sohn hat mir das immer wieder sehr leidgetan.

Als Dirk älter geworden war, habe ich versucht, ihm die gesamte Familien-Tragödie zu schildern. Einen Teil der Unfall-Akten hat er selbst gelesen, und er hat sich seine eigenen Gedanken dazu machen können. Ich habe ihm jedoch freigestellt, den Kontakt zur Verwandtschaft nach seinem Ermessen aufzunehmen. Über ein allgemeines Grüßen untereinander oder mal einen kleinen Plausch, der sich irgendwann ergeben hatte, ist es aber nicht hinausgegangen. Schade!

Monate, nicht nur gefüllt von Trauer, sondern auch von Aufregungen, Unruhen und Ärger folgten. Auf Antrag der Staatsanwaltschaft gab es unzählige Gerichtsverhandlungen beim Landgericht Hagen und Oberlandesgericht in Hamm. Es war ja ein Verkehrsunfall; der Schuldige musste gefunden werden, und so etwas kann eben dauern.

Dazu mussten die finanziellen Fragen geschäftlicher und familiärer Art geklärt werden, was meist gar nicht möglich erschien. Denn die Versicherungen zahlten zunächst einmal nicht. Die Berufsgenossenschaft wollte ebenfalls abwarten, bis die Schuldfrage geklärt sein würde, obwohl diese kaum zu klären war, da mindestens sechs Fahrzeuge ineinander gerast waren.

Letzten Endes war es dann so, dass der festgestellte Unfall-Verursacher, ein junger Familienvater aus Braunschweig, von der Großen Strafkammer des Landgerichts Münster wegen fahrlässiger Tötung zu einer Geldstrafe von gerade einmal eintausend Mark, zahlbar an meinen Sohn, verurteilt wurde. Ansonsten geschah ihm – mit dem Verweis auf sein bis dahin untadeliges Verhalten im Straßenverkehr – nichts. Ein Urteil, das schlichtweg ungerecht war. So sah es auch mein Rechtsanwalt damals, und wir haben über verschiedene Wege und Gerichte versucht, Berufung einzulegen. Leider erfolglos.

Das junge Unternehmen von Claus ging mangels Masse Konkurs und wurde geschlossen. Eine hohe Lebensversicherung von Claus, abgeschlossen zugunsten seines Sohnes bei der Allianz, ist leider nicht zur Auszahlung gekommen. Bei der Obduktion war Claus im Nachhinein eine schwere Herzkrankheit bescheinigt worden, die er bei Versicherungsabschluss nicht angegeben hatte (vermutlich, weil er selbst gar nichts von ihr wusste!). Zudem war die Versicherung erst wenige Wochen vor dem Unfalltod abgeschlossen worden. Zwei schwerwiegende Argumente. Und laut Gerichtsurteil war es in Ordnung, dass nicht gezahlt wurde. Als Nebenklägerin war ich weiterhin vor Gericht und für das Recht meines Sohnes mit eingetreten. Alle nur erdenklichen Einwände habe ich vorgebracht, etwa dass so ein Unfall weder vorhersehbar ist noch etwas mit etwaigen Herzproblemen zu tun hat – doch das alles war wieder einmal vergebens. Da vieles im Gerichtsverfahren mysteriös und undurchsichtig erschien und auch seitens der Versicherung viel verschleiert wurde, habe ich letztlich eine Beschwerde beim Obersten Bundesaufsichtsamt in Berlin eingereicht. Sie wurde abgewiesen.

Monate um Monate waren ins Land gegangen, bis es endlich einmal zu etwas Positivem kam: Ich erhielt endlich von der Landesversicherungsanstalt und der Berufsgenossenschaft die Zusage für eine Halbwaisenrente. Die allerdings mehr als gering ausfiel. Achtzig Mark waren es anfangs monatlich. Eine Witwenrente bekam ich natürlich nicht, denn zum Zeitpunkt des Unfalls war ich mit Claus ja nicht verheiratet gewesen. Unter Eid hätte ich natürlich damals bezeugen können, dass wir uns die Heirat gegenseitig versprochen hatten, was ja wirklich so gewesen war, um diese Rente zu erlangen. Davon habe ich jedoch keinen Gebrauch gemacht. Erst drei oder vier Monate nach meinem sechzigsten Lebensjahr bekam ich dann doch, auf meinen eingereichten Antrag hin, zusätzlich zu meiner Altersrente die kleine Witwenrente von Claus zugesprochen.

Mein Sohn, knapp fünf Jahre alt, war also ein Halbwaisenkind, und ich mit neunundzwanzig sozusagen eine Witwe und eine alleinerziehende Mutter.

Zudem hatte ich auch noch, und das ganz offiziell, die Verantwortung für meine vierzehnjährige Schwester. Aufgrund von Mutters Krankheit war ihr das Sorgerecht entzogen und dieses auf mich übertragen worden. Damit noch nicht genug: Offiziell war ich zusätzlich noch zur Abwesenheitspflegerin bestellt worden, weil Mutter häufiger in Anstalten und Kliniken weilte als im Familienkreis (was neben meiner Aufgabe als Abwesenheitspflegerin natürlich auch bedeutete, dass Mutter nicht für Entlastung zuhause sorgen konnte und ich sie häufig in der Klinik besuchte).

Mutter litt an einer manisch depressiven Psychose, begleitet von Halluzinationen. In immer kürzer werdenden Abständen mit unberechenbaren Anfällen bis hin zur Bewusstseinsspaltung äußerte sich dieser Zustand, bis es zur schrecklichsten Exaltation kam: Eines Tages, kurzfristig allein zu Hause, legte sie Feuer in unserem Haus und versuchte gar, sich selbst anzuzünden. Zum Glück sahen Nachbarn den Rauch durch die Ritzen der Jalousien hervorquellen und alarmierten die Feuerwehr, die Mutter gerade noch retten und ins Krankenhaus bringen konnte. Ihre Wohnung in der unteren Etage war fast ausgebrannt.

Viele Monate hat es gedauert, bis der Schaden endlich beseitigt war, und das Haus wieder komplett bewohnt werden konnte.

Ich hatte also meinen Beruf, meine persönlichen Pflichten, Fürsorgeverantwortung gegenüber meiner Schwester und Mutter, materielle Sorgen – und musste irgendwie die eigene psychische Bewältigung des schrecklichen Verkehrsunfalls und des Verlustes von Claus hinbekommen.

Auch in dieser wirklich schweren Zeit konnte ich jederzeit mit der Hilfe und dem Beistand meiner damaligen Chefs vom Büro rechnen; und das bleibt für alle Zeit in meiner Erinnerung.

Eigentlich hätte im September oder Oktober 1969 das neue Glück durch die Wiederheirat ja gefestigt und verstärkt beginnen sollen. Jetzt aber war da nichts außer Gerichtsprozessen, Papierkram, Streitigkeiten und zumeist verweigerten Zahlungen. Nein, zum großen Glück hatte es wieder einmal nicht gereicht – das schon greifbare Glück hat sich für mich sogar in eine unvergleichbare Katastrophe gewandelt.

Ich war der Verzweiflung nahe. Aber irgendwie habe ich durchgehalten. Gearbeitet, all meine Pflichten erledigt, mich um meinen Sohn gekümmert, um meine Schwester, die freilich im Alltag auch viel geholfen hat, und um meine Mutter. Doch dann kamen schon bald neue Probleme ganz anderer Art auf mich zu. Mutters andauernden Klinikaufenthalte wurden von der Krankenkasse nicht mehr finanziert. Die Androhung, eine Zwangshypothek auf unser Haus zu erwirken, war bereits erfolgt. Gezwungenermaßen und mit Zustimmung eines Notars und des Jugendamtes als Obervormund meiner Mutter sowie meiner damals minderjährigen Schwester konnte unser Haus schließlich auf freiwilliger Basis verkauft werden, um die sonst unumgängliche Zwangsversteigerung von Amtswegen zu umgehen, was sicherlich besser für das eigene Befinden und zudem gewiss erlösfördernd war. Der Deutsche Sportbund e.V. wurde anschließend neuer Besitzer. Der Abschied vom Elternhaus war ganz gewiss sehr schmerzlich. Meine Schwester, knapp achtzehn, und ich mussten nun auf Wohnungssuche gehen. Immerhin, wir wurden schon bald fündig, beide in der Stadt. Von dem anteiligen Erlös richtete ich meine Wohnung neu ein und kaufte mir ein neues Auto. Auch Susanne nutzte ihren Anteil sinnvoll für den Start ins neue Leben, sie möblierte sich ebenfalls eine Wohnung neu. Der Anteil meiner Mutter wurde von einer Betreuer-Person verwaltet. Dieser Vermögensverwalter, vom Gericht bestellt, hat sich nach drei Jahren der Betreuung, nachdem seine unkorrekte Buchführung ans Licht gekommen war, Heilig Abend das Leben genommen. Sämtliche Akten hatte er zuvor verbrannt. Das Geld war weg.

Von all diesen Begebenheiten ist mein Sohn natürlich sehr geprägt worden, teilweise direkt und teilweise im Nachhinein. Als Jugendlicher war er bereits viel reifer als die anderen; er war sozusagen schon ein junger Mann, während die anderen seines Alters eben noch Teenager waren, wie man sie sich so vorstellt.

Meine Schwester Susanne war fünfzehn Jahre alt, als Claus' Unfall passierte, von wo an sich unser Leben immer mehr tragisch verkomplizierte. Sie hat entsprechend im Grunde alles gleich mitbekommen, was geschah. Trotz der schwierigen Familiensituation schaffte sie aber die Mittlere Reife und absolvierte ein einjähriges Praktikum in der damaligen Land- und Hauswirtschaftsschule Sedanstraße, mit sehr gutem Abschluss. Ihre Ausbildung machte sie als Krankenschwester. Inzwischen ist sie Chefin der Pflegedienstleitung in einem Bundeswehr-Krankenhaus in Norddeutschland, ihrer neuen Heimat. Was Bildung und Beruf angeht, sind hier also viel Stabilität und ein andauernder Aufstieg zu verzeichnen. Privat gab es da schon mehr Aufs und Abs, wie es eben so ist. Was mich sehr freut: dass Susanne nach ihrer gescheiterten Ehe seit vielen Jahren wieder in einer stabilen und glücklichen Beziehung lebt. Wie viel besser ist es doch mit Liebe im Leben!

Das gilt auch für mich: Ich muss, rückblickend auf die vielen familiären und Beziehungskatastrophen, die meinen Weg begleitet haben, entsprechend auch feststellen, dennoch meinen Glauben an die Liebe nie ganz verloren zu haben. Denn wenn einen das Gefühl, – egal wann – verstanden zu werden, plötzlich überwältigt und zwei Seelen sich miteinander verbinden, dann ist das etwas Wunderbares, zumindest in dem Moment. Und etwas, gegen das man sich nicht wehren sollte – und letztlich auch nicht kann.

Zweifellos war ich für eine lange Zeit nach dem Unfalltod von Claus mit den immer wiederkehrenden und scheinbar niemals enden wollenden Gedanken an das schmerzliche Ende dieser dramatischen Liebe und all die Verpflichtungen, die anschließend über mich hereingebrochen waren in keiner Weise empfänglich für auch nur irgendwelche amourösen Geschichten.

Als aber ein, zwei Jahre vergangen waren, war das Gefühl – oder auch eine Sehnsucht –, wieder da, etwas, das mich alle Widerstände und Rückschläge vergessen ließ. Eine neue Liebe.

Peter und Gerd
- Liebe im Doppelpack -

Peter war der neue Mann, mit dem ich – samt meinem Sohn natürlich, der damals acht oder neun war –, endlich wieder einmal eine neue Verbindung wagen wollte, und zwar auf der Basis von Freundschaft, mit Amourösem als Zugabe sozusagen. Es ging hier vor allem um Sicherheit und Vertrauen. Denn es glühte nichts; dass echte Leidenschaft füreinander da war, blieb uns zunächst verborgen. Und doch: Es entwickelte sich ganz allmählich eine echte Beziehung zwischen Peter und mir, eine tiefreichende und auch leidenschaftliche, von Freundschaft getragene Liebesbeziehung.

Und ich denke, das war auch gut so, für alle, ganz besonders aber für Dirk. Wenn schon ein neuer Mann in meinem Leben auftauchte, dann am besten so einer. Einer der wirklich nicht nur an dem einen interessiert war, und auch nicht nur an mir, sondern wirklich und dauerhaft an uns beiden.

Doch zurück zum Anfang: Peter kannte ich bisher nur vom Sehen her und flüchtigem Geplänkel miteinander, wie das eben bei manchen so ist, wenn man in der gleichen Gegend wohnt und zudem das selbe Stamm-Café hat, in unserem Fall »Elvira«. Meist tauchte Peter mit seinem alten Freund Hans dort auf. Beides Männer, die das Leben liebten und ganz nach ihren Bedürfnissen und ihrem Geschmack zu gestalten wussten. Peter war Ende dreißig, Hans um die fünfzig; beide gut aussehend und charmant, Männer, denen die Blicke der Frauen begehrlich folgten, was sie selbst auch nur zu gut wussten. Mit Hans bin ich auch irgendwann mal zum Schlittschuhlaufen an den Seiler See in Iserlohn gefahren. Dirk war natürlich mit dabei, wie immer und allezeit, egal von wem ich auch eingeladen wurde. Für manchen Mann bedeutete Dirks Anwesenheit ein großes Hindernis. Nun, das störte mich nicht weiter, denn dann war der Mann für mich ohnehin uninteressant. Hans jedenfalls reagierte nicht so, für ihn war vollkommen klar, dass Dirk dazugehörte.

Das Eislaufen in der Eissporthalle war für Dirk natürlich toll; er zeigte sich hellauf begeistert, zumal der dort ansässige Eishockey-Club zu den besten der Welt zählte, so hieß es zumindest. Und obwohl ich zuvor noch nie auf Schlittschuhen gestanden hatte, wurde es auch für mich ein vergnüglicher Nachmittag. Also wollten wir das Ganze wiederholen!

Zur Wiederholung brachte ich dann auch gleich meine Freundin Renate mit, denn großes Interesse an Hans hatte ich nicht. Es ging mir hier um die Sache und einen harmlosen familien-freundlichen Spaß für alle. Kurze Zeit später, bei einem der folgenden Treffen, stellte ich dann auch fest, dass mein Fünkchen Interesse für Hans, das ich vielleicht doch einmal verspürt hatte, keinesfalls mehr vorhanden war. Seine Art, mit Frauen umzugehen, gefiel mir nicht. Und für meinen Geschmack trank er auch zu viel Alkohol. Nun ja, da er ein gut situierter Geschäftsmann war, noch dazu attraktiv, ergab sich immerhin ein Gesamtbild, das bei etlichen Frauen Eindruck schinden konnte. Auch, wenn es meinem Bild von einem tollen Mann nicht entsprach. Dafür fanden er und Renate zusammen; die beiden wurden ein Paar, dem ich neidlos viel Glück wünschen konnte.

Doch letztlich profitierte ich selbst von diesen Treffen, denn durch den Kontakt mit Hans lernte ich tatsächlich auch Peter kennen. Weiterhin sahen wir uns oft, wie schon zuvor, sonntagvormittags im Café. Und da ich seinen Freund Hans ja nun besser kannte, unterhielten wir uns manchmal auch ein wenig über das vorherige Geplänkel hinausgehend. Schließlich unterhielten wir uns immer mehr. Und was anfangs nur ein harmloser und verspielter Flirt gewesen sein mochte, wurde doch bald mehr und ließ mich so schnell nicht wieder los.

Ich ließ Peter nur noch selten aus den Augen; er wurde immer attraktiver für mich. Seine Art allgemein gefiel mir, ganz besonders aber auch, dass er sich für meinen Sohn interessierte, sich mit ihm beschäftigte, Türme von Bierdeckeln mit ihm baute oder knobelte. Mal ein Eis oder Cola für ihn bestellte. Immer wieder mal irgendeine Überraschung für Dirk parat hatte, beispielsweise ein Siku-Spielzeugauto oder andere Dinge, die Jungs einfach Freude machen. Peter war zu Dirk insgesamt wie ein väterlicher Freund. Das gefiel mir sehr, und Dirk natürlich ebenfalls.

Über Peters Privatleben wussten wir auch bald Bescheid. Sein toller Umgang mit Dirk hatte wohl auch etwas mit Übung zu tun, wie sich so herausstellte: Peter hatte drei Töchter aus erster Ehe; lebte nun aber alleine in seiner eigenen Wohnung. Zwar hatte er nochmal geheiratet, doch auch diese Ehe war gescheitert.

Peter und ich verstanden uns prächtig, und schließlich wurden Dirk und ich dann auch öfter zu Spazierfahrten eingeladen, zu Veranstaltungen für Kinder, Zoobesuchen oder dergleichen. Egal wohin die Reise ging, Peter kannte sich aus. Er war gerne mit dem Auto unterwegs; hatte einen Faible für schöne und elegante Karossen. Selbst fuhr er sein Leben lang stets einen Mittelklasse-Mercedes, in dezenter Farbe. Finanziell konnte er sich das erlauben, denn er hatte einen guten Job als Betriebsleiter einer Kunststoff-Firma.

Peter führte ein gutes Leben, er war mit sich zufrieden. Nur einmal gab es, in unserer gemeinsamen Zeit, auch für Peter eine Zeit der Trauer: Bei »Elvira« war der Geburtstag eines Gastes gefeiert worden; Friedhelms Geburtstag an einem Ostertag. Peter hat ein Gläschen zu viel mitgetrunken, ist ins Auto gestiegen, und hat an der erstbesten Straßenkreuzung einen Auffahrunfall verursacht – und der Führerschein war futsch. Eingezogen von der Polizei für gut ein halbes Jahr. Schrecklich für ihn. Doch das hielt uns vom fröhlichen Umherziehen nicht ab. Denn vom anteiligen Erlös unseres Hausverkaufs hatte ich mir erstmals einen Neuwagen gekauft, einen schicken VW Käfer in schwarz-metallic mit moderner Ausstattung und dezent goldenen Zierstreifen rundherum. Aber auch zu Fuß ging es gerne mal zum Café oder zur »Allgäuer Stuben« oder sonst wohin.

Egal, was unternommen wurde – später dann auch noch mit meiner Mutter dazu –, es wurde niemals irgendwie langweilig. Das jeweilige Alltagsleben war stets aufgelockert.

Die immer häufiger werdenden Rendezvous verführten letztendlich dazu, sich gar nicht mehr voneinander trennen zu wollen. Eine ziemlich feste Beziehung hatte sich mittlerweile zwischen Peter und mir angebahnt.

Dabei stand er aber nicht nur für verbindliche Leichtigkeit: Sein eigenes Familienleben zeigte sich bisweilen auch nicht ganz ohne sehr traurige Phasen, vor allem lag dies an seiner Scheidung und den seltenen Umgang mit seinen Kindern: Seine Töchter sah er leider nur selten, da die Mutter den Kontakt grundsätzlich unterbinden wollte. Die Ehescheidung hatte die Fronten, die sich natürlich schon vorher gebildet hatten, noch weiter verhärtet; traurig für Peter und auch für seine Töchter. Wie nur allzu oft in so einem Fall, blieb auch hier den Kindern ein Elternteil praktisch vorenthalten.

Doch nicht alles war düster bei Peter, wenn es um Familie ging. Er und seine Mutter waren bis zu ihrem Tod sehr eng miteinander verbunden. Ihre herzliche Seite durfte ich in all den Jahren auch spüren, und wir kamen prächtig miteinander aus. Darüber hinaus hatte er allerbeste Kontakte zu seiner Schwester samt deren Familie. Als liebenswerter Patenonkel verwöhnte er seine Nichte Andrea auch gerne.

Eine kurze Zeit konnte mich Peter noch im Elternhaus besuchen, bis ich dann nach dem Verkauf eine neue Wohnung gefunden hatte. Mit seiner Hilfe wurde umgezogen in mein neues Domizil, eine geräumige Wohnung in einem Zweifamilienhaus mit Gartenanlage und Garage, nahe des Stadtparks, in einer sehr guten Wohngegend. Beide Männer, Dirk im jugendlichen Alter und Peter Ende dreißig, übernahmen die körperliche Arbeit im und ums Haus und entlasteten mich dadurch sehr. Denn der Vermieter hatte die Gartenpflege gleich mit zur Bedingung gemacht, und es klappte ja auch gut; alles wurde prima in Schuss gehalten.

Meine Schwester war, mit ihrem damaligen Freund Wolfgang, ebenfalls in eine schöne Wohnung umgezogen, in die Nähe des Krankenhauses, wo sie ihre Ausbildung zur Krankenschwester machte. Nur meine Mutter musste nach wie vor in der Klinik in Neubekkum bleiben, für etwa sechs Jahre am Stück.

Mit Peter ging's dann auch mehrfach rasch über die Autobahn zu Mutter nach Beckum und zurück, immerhin über zweihundert Kilometer und oftmals nicht ganz ungefährlich. Lieb von ihm, dass er mich da recht oft mit seinem Auto gefahren hat. Meist fuhr ich aber doch alleine. Nun denn, stets wenn ich auf dieser Strecke war – mit Peter oder ohne ihn – und das blaue Schild mit der Aufschrift »Beckum-Lippborg« las, musste ich an den schrecklichen Unfalltod von Claus denken. Ein schlimmes Gefühl. Dass noch dadurch verstärkt wurde, dass Claus im gleichen Gebäude obduziert worden war, in dem sich nun meine Mutter befand. Schrecklich!

Doch zum Glück sind all diese Gedanken und Gefühle mit der Zeit ein wenig verweht worden …

Peter war mir jedenfalls rundum eine riesige Hilfe und eine große Wohltat. Dieses harmonische Miteinander, das ich mit ihm erlebte, tat mir einfach gut; und Dirk sowie meiner Mutter auch. Letztendlich richtete sich all sein Verhalten doch an seiner Liebe zu mir aus. Ein wahres und großes Glück!

Für Dirk war Peter in all den Jahren zu einer echten Bezugsperson, einem allerbesten Freund geworden. Diese ausgezeichnete Beziehung hielt auch so lange, bis Dirk 1986 zum Studium nach Berlin ging. Sein eigener Vater hätte nichts besser machen können, als Peter es getan hat. Und wäre Peter heute noch am Leben, Dirk und er verständen sich sicher immer noch hervorragend.

Mein neues Leben mit Peter an meiner Seite überzeugte mich schon bald davon, dass nun alles leichter und besser werden würde. In all den zurückliegenden Jahren waren die Freuden des eigenen Lebens doch so gut wie verloren gegangen. Geschlafen hatte ich schon lange nicht mit einem Mann – und dann plötzlich, völlig überraschend, meinen Appetit auf Liebe doch wiedergefunden.

Auch meine Arbeit im Büro machte ich fortan mit Freude. Dirk besuchte weiterhin das Zeppelin-Gymnasium, mehr und mehr natürlich auf sich gestellt, ein Schlüsselkind sozusagen. Doch er fand bei den Nachbarn und den Eltern seiner Mitschüler nicht selten ein zweites Zuhause. Es war also nicht so schlimm, dass nicht stets jemand für ihn zuhause war. Und umso weniger, als er noch etwas älter geworden war, denn da wollte er ohnehin seiner eigenen Wege gehen, wie es eben so ist in dem Alter, in dem der eigene Freundeskreis langsam der Mutter die Show stiehlt.

Wir vertrauten einander, und alles funktionierte gut. Trotzdem: Ich hatte oft ein schlechtes Gewissen, weil er eben viel allein sein musste. Gerade als er noch jünger war und bevor Peter in unser Leben trat, nagte dies schon recht an mir. Doch tröstete ich mich auch mit dem Gedanken, dass ihn seine vielseitigen Interessen, zum Beispiel Schach, Lesen, Handball und Fußball sowie das Gitarrenspiel, gewiss recht gut durch etliche Stunden des Alleinseins getragen hatten.

In meiner knapp bemessenen Freizeit unter der Woche und an den Wochenenden nutzte ich sozusagen zum Ausgleich, dann aber sämtliche Gelegenheiten, die sich boten, um Dirk, auch wenn er ohne seinen liebevollen Vater und mit einer berufstätigen Mutter auskommen musste, trotzdem eine erlebnisreiche Jugend zu ermöglichen. Kaum hat er auf etwas verzichten müssen. Darauf bin ich stolz. Nun ja, und als Peter zu uns kam, da ging das mit der erlebnisreichen Freizeit auch gleich noch erheblich leichter, Dirk wurde immer selbständiger, und so entspannte sich hier allgemein viel; und mein Gewissen wurde deutlich erleichtert.

Dirk freute sich übrigens sehr, dass ich wieder glücklich war. Und er freute sich um einiges länger, als ich es wirklich war: Denn meine Anfangseuphorie legte sich mit der Zeit ziemlich. Ich wollte Dirk aber nicht auch noch damit belasten. Also konnte er nicht ahnen, dass ich bald im Inneren gar nicht mehr so glücklich war.

Jetzt bin ich aber schon nach vorne gesprungen, also nochmals einen Schritt zurück: Peter und ich vergnügten uns ausgiebig. Wir gingen aus, so lange wir wollten in Düsseldorf oder Köln, fuhren samstagabends ins »Zur Tenne« nach Herdecke, wo in angenehmer Umgebung eine Kapelle zum Tanz aufspielte, und so weiter. Ich fühlte mich wohl, und all meine Erinnerungen an längst Vergangenes, an tragische Beziehungen und Affären und Kapriolen, sollten ein für alle Mal vergessen sein.

Ich war glücklich mit Peter und wollte ihn auch behalten. Aber da es in den Achtzigern nicht selbstverständlich war, dass eine alleinerziehende Mutter einen Freund hatte, der quasi nur auf Besuch kam, und weil ich ihn eben immer um mich haben wollte, wollte ich auch gerne eine richtige Familie mit ihm unter einem Dach haben: Ich wollte, dass er bei uns einzog. Darauf ließ sich Peter trotz aller Liebe nicht ein. Seine Freiheit wollte er behalten und unkontrolliert seiner Wege gehen können. Diese Einstellung war es, die mich traurig machte. Ich war eifersüchtig und wollte ihn nun erst recht immer bei mir haben – nichts anderes als ein Zeichen völlig normaler Liebe. Ich wollte das Bett richtig mit ihm teilen, und nicht, wie so oft, nur für ein Stündchen. Die ganze Nacht sollten wir da zusammen liegen, und das immer wieder, jede Nacht. Was war daran so falsch?

Peter aber bestand darauf: Er wollte außerhalb unseres Liebesglücks sein Privatleben nach seinen eigenen Wünschen leben, wie bisher auch. Wenn ich darüber nachdachte, musste ich oft weinen. »Er liebt mich nicht genug«, hieß es in meinen Gedanken, die immer und immer wieder in meinem Kopf herumspukten, obwohl doch eigentlich alles gut war und wie immer. Ich aber war nun nicht mehr glücklich, sondern unzufrieden, traurig, manchmal sogar wütend. Und ich konnte nichts machen!

Das Thema »gemeinsame Familie« rührten wir dann vorläufig nicht mehr an. Doch das änderte nichts daran, dass es eben nicht mehr so war wie vorher. Unser gegenseitiges Verhalten veränderte sich dann auch. Peter schien sehr gut verstanden zu haben, was in mir vorging. Wir gingen von nun an mehr und mehr auf Distanz. Abwarten, was kommt. Darum ging es wohl uns beiden. Bald hatten wir erst einmal keinen Kontakt mehr.

Gerd
- meine dritte Heirat -

Zu meiner Zerstreuung ging ich jetzt öfter allein aus, ins Theater oder zum Konzert, oder hin und wieder auch zum Tanztee nach Dortmund oder Essen. An einem Sonntagnachmittag im Sommer 1979 lernte ich bei dieser Gelegenheit einen Witwer kennen. Mit seiner erwachsenen Tochter wohnte er in Dortmund, sein Sohn hatte eine eigene Familie. Gerd hieß der Witwer, ein recht gut aussehender Mann, groß, nicht zu schlank, mit markanten Gesichtszügen, um die fünfzig. Vergnügt tanzten wir öfter miteinander, und wir genossen allgemein die gemeinsamen Stunden bei Kuchen und Musik. Das Ganze betrachtete ich damals als einen netten Flirt, mehr nicht. Gerd aber sah das wohl anders. Denn als wir am Schluss des Tanztees, kurz nach achtzehn Uhr, gemeinsam das Café verlassen hatten, zu unseren Autos gegangen waren und uns dort verabschieden wollten, beugte sich Gerd zu mir vor und flüsterte, während er mich umarmte: »War schön mit Dir, ich rufe Dich an!« Unsere Telefonnummern hatten wir zuvor zwar noch kurz miteinander ausgetauscht, ich hatte dies aber lediglich als höfliche Geste angesehen. Entsprechend überrascht war ich nun. Ich hatte wohl doch ein bisschen voreilig gehandelt mit dem Nummerntausch, da ich wirklich kein weiterführendes Interesse an ihm gehabt hatte ...

Ob er wohl wirklich anrufen würde? Das fragte ich mich dann doch immer wieder auf der Heimfahrt nach Lüdenscheid. Ich glaubte nicht ganz daran. Und eigentlich, so sagte ich mir wenigstens, war es mir auch nicht wichtig.

Doch Gerds Anruf ließ nicht lange auf sich warten. Am nächsten Tag schon erfolgte eine Einladung. Wir verabredeten uns zum nächsten Tanz, wieder in Dortmund, im gleichen Lokal. Schon bald besuchte mich Gerd auch in Lüdenscheid, natürlich wieder zum Tanz, noch nicht privat. Trotzdem, ziemlich schnell ging alles ... Gemeinsame Autofahrten mit oder ohne Dirk folgten. Wir zeigten uns unsere Wohnungen ... und ins Café »Elvira« ging's dann schließlich auch bald zusammen. Die Sache zwischen Peter und mir hatte Elvira natürlich mitbekommen, sie begrüßte uns dennoch stets freundlich; aber auch beobachtend, zumindest hatte ich den Eindruck. Aber für mich war die Verbindung mit Gerd immer noch eine lockere. Zum großen Nachdenken sah ich also keine Veranlassung.

Das änderte sich bald: Gerd wollte für immer mit mir zusammen sein, wie er mir nach viel zu kurzer Zeit, nach vielleicht sechs Wochen, schon offenbarte. Obwohl seine Frau erst vor kurzem gestorben war. Ich verstand ihn nicht recht und fand sein total übereiltes Verhalten, sowohl seiner toten Frau als auch mir gegenüber, auch nicht gut.

So schnell hatte ich nun doch nicht mit so einer Absicht von ihm gerechnet. Zumindest nicht wirklich. Zugeben muss ich aber auch, dass mir im Stillen doch schon mal der Gedanke gekommen war, dass mit Gerd vielleicht eine ganz neue Zeit, eine Zeit ohne Schicksalsschläge beginnen könnte; ich hatte den Gedanken zwar nicht ganz verworfen, aber ihm auch keine große Beachtung geschenkt.

Auf sein Ansinnen reagierte ich so: Ich stimmte weder zu noch lehnte ich ab, sagte nur, dass es doch nichts zu überstürzen gebe und er mir noch Zeit lassen solle. Erst einmal solle alles so bleiben, wie es sei. Er ließ sich darauf ein, wirklich darauf ein, ganz ohne Verstimmungen zu zeigen. Also lief es weiterhin so vergnüglich wie bisher zwischen uns; es gab abwechslungsreiche Unternehmungen und vieles mehr.

Gemeinsam gingen wir sogar im Anschluss an Dirks Abitur zum Abiball ins exklusive Hotel am Stadtpark. Toll war das, sowohl für mich als auch für meinen Sohn, denn so wusste er mich gut versorgt und repräsentabel begleitet. Das Fest fand in einem ausgezeichneten Rahmen mit wunderbaren Menschen statt. Ein ganz besonderer Abend, an dem wir meinem Sohn als Geschenk auch noch eine Reise versprachen. London und Paris standen zur Auswahl. Dirk entschied sich für London. Für uns drei ging es dann wenig später mit British Airways für zehn Tage nach London, ins Kensington Gardens Hotel, unmittelbarer in der Nähe des Hyde Parks; ein Erlebnis der besonderen Art war das natürlich, der ganze London-Urlaub …

Es war also alles bestens mit Gerd. Doch dann kam die große Wende: Peter und der neue Mann an meiner Seite begegneten sich zufällig im Café »Elvira«. Zum Glück wurde es ein recht angenehmes Miteinander zu dritt, obwohl es sich für mich schon etwas merkwürdig anfühlte. Denn auch wenn Peter und ich trotz der Distanz Freunde geblieben waren – wir waren ja nicht zerstritten, sondern lediglich auseinandergerückt –, so waren wir eben doch stets als Paar verbunden gewesen … Doch wie es der Zufall so wollte, Peter hatte zwischenzeitlich auch eine neue Bekanntschaft gemacht. Der Moment zu dritt an sich war also okay.

Doch so ganz locker war die Sache dann letztendlich auch wieder nicht: Kaum sechs Wochen später bekam ich einen Heiratsantrag, nicht von Peter, sondern vom »Neuen«. Gerd war durch dieses Treffen zwar nicht zu einem ganz neuen Entschluss gekommen, doch sein Vorgehen war deutlich beschleunigt worden. Und ich wusste ja auch längst, dass Gerd sein Leben mit mir verbringen wollte. Aber wollte ich wirklich auch meins mit ihm verbringen? Eben noch hatte ich gedacht, ich hätte die Entscheidung auf unbestimmte Zeit vertagen können. Und nun sollte ich sie plötzlich doch treffen, und das dringender als je zuvor, denn ursprünglich hatte er ja nur vom Heiraten geredet, und jetzt war das dieser echte Antrag! Was war zu tun? Noch dazu, da das Wiedersehen mit Peter durchaus etwas in mir ausgelöst hatte ... Ich fühlte mich in diesem Moment richtig hin- und hergerissen. Wie reagieren? Ich wusste es nicht.

Kurzentschlossen, um eben eine Entscheidung zu treffen, habe ich dann der Heirat zugestimmt. Viel zu schnell ging das, aus dem Moment und der Verwirrung der Gefühle heraus, ohne über diesen ernsten Schritt intensiver und ruhiger nachzudenken. Ich habe viel zu schnell entschieden, wie so oft in meinem Leben ...

Ich hatte nach zwei Ehen eigentlich nicht nochmals eine Affäre oder Liebelei erleben wollen, sondern wieder eine feste Partnerschaft. Und ich hatte auch gedacht, dass das glückliche und friedvolle Familienleben, das ich mir so lange gewünscht hatte, jetzt beginnen könnte, und zwar mit Gerd. Doch gleich heiraten ...

Nun, immerhin war es ja logisch, wenn schon, dann den Mann zu heiraten, mit dem man sich eben dieses Familienleben vorstellen konnte, der einem diesen Wunsch erfüllen konnte. Und anfangs schien das gewünschte Familienleben ja auch einzutreten: Gerd zog nach dem angenommenen Antrag bei mir in Lüdenscheid ein. Zwischen uns und mit meinem Sohn, sogar mit meiner Mutter, die nach sechs Jahren nun wieder aus der Klinik entlassen war, lief alles gut. (Mutter bewohnte mittlerweile eine kleine Wohnung im Haus direkt nebenan, schien wieder gesund zu sein; einige Zeit führte sie sogar den Haushalt für uns und versorgte Dirk nach der Schule.)

Da schadete es doch nichts, dass ich der Hochzeit zugestimmt hatte. Sie konnte und sollte nun in aller Kürze stattfinden. Die Verwandten aus der Lutherstadt Wittenberg, seine Angehörigen, waren eingeladen, die erforderlichen Einreisepapiere von der DDR in die BRD waren beantragt und auch genehmigt worden. Doch irgendwas passte nicht. Es wartete das sichere und solide Familienleben auf mich, aber doch nicht so, wie ich es mir vorgestellt hatte.

Konnte Gerd wirklich der Mann sein, mit dem ich ab jetzt für immer leben wollte? War er das je gewesen? All diese Gedanken wirbelten schon recht massiv in meinem Kopf herum. Hinzu kam vor allem, dass ich das Zusammentreffen mit Peter im Café nicht so einfach mir nichts dir nichts beiseitegeschoben hatte. Peters diplomatische Haltung, sein verwirrter, enttäuschter Blick, den er bei aller vorgeblichen Lockerheit gehabt hatte, beschäftigten mich unaufhörlich. Ich haderte mit mir selbst. »Da ist noch Liebe – und bei mir für Peter«, rührte es mich, und dass unsere beiden Seelen das im Stillen auch die ganze Zeit wussten. Wir würden uns bald wiedersehen, denn im Grunde genommen, konnten wir es ohne uns gar nicht aushalten, das spukte mir im Kopf herum.

Der neue Mann an meiner Seite, die neue Frau an Peters Seite ... dies zwang mich unwillkürlich in eine Phase – nicht von Trauer, aber mit Zerrissenheit meiner Gedanken und Gefühle ... Was wollte ich wirklich?

Den Hochzeitstermin ließ ich nun schnellstmöglich platzen. Das ordnete natürlich weder die Situation noch meine Gefühle und war an sich ja eine schlimme Sache. Sie trug auch keineswegs zum besseren Verständnis zwischen Gerd und mir bei.

Aber komischerweise heirateten wir im September 1980, also ein halbes Jahr später, dann doch, jedoch ohne Verwandten aus der DDR; lediglich mit meiner Mutter, meinem Sohn, Gerds Tochter und meinen beiden Freunden, Christel und Heinz, als Trauzeugen. Das Liebesverhältnis zwischen ihnen übrigens war eher eine endlose Tragödie als eine dauerhaft glückliche Beziehung: Heinz war nämlich verheiratet.

Unsere Ehe gestaltete sich erst einmal prima. Doch etwa ein Jahr nach unserer Heirat wechselte das Alltagsleben doch ziemlich rasch von hell zu dunkel: Dinge, die ich einst gemocht hatte, störten mich nun, und all das Schöne, was wir uns mal gesagt hatten, interessierte mich nicht mehr. Streit über Finanzielles, Geiz und Eifersucht folgten dann auch bald. So konnte es nicht weitergehen.

Der Schmerz in meiner Seele wuchs, ich kämpfte mit mir. Heimlich bin ich dann trotz Ehe zu Peter gegangen, überströmt vom Gefühl, suchte ich seine Nähe und seine Liebe. Mit Worten oder auch mit Schweigen haben wir die letzte Stufe der Liebe dann rasch erklommen, waren berauscht von Lust und Verführung. Aufs Beste war uns alles vertraut, und es war gleich wieder so, wie es zuvor schon immer gewesen war. Mehr wollte ich davon und von diesen Gefühlen haben. Eine Affäre begann. In meinem Herzen war für Gerd nun endgültig kein Platz mehr. Ich wusste nun sicher, dass er nicht der Richtige war. Ich hätte ihn nicht gleich heiraten sollen. Doch galt das nur für ihn? Es war ein Irrtum, dass ich mit ihm das heile Familienleben würde haben können. Aber: Alles Gute und Schöne geht eben doch einmal zu Ende; das glaube ich auch weiterhin …

In einer Nacht-und-Nebel-Aktion räumte Gerd schließlich die von ihm mitgebrachten Möbel aus der Wohnung und zog sich zurück in seine Heimat, nach Dortmund. Nach der Trennungszeit wurde die Ehe im Juli 1983 vor dem Landgericht in Hagen rechtlich geschieden, ohne Streitigkeiten und ohne Vertretung durch einen Rechtsanwalt. Reibungslos, sozusagen im Schnellverfahren, ging das vonstatten. Danach hörten wir nichts mehr voneinander. Peter hingegen war wieder richtig da: Er wartete bereits im Auto vor der Gerichtstür auf mich …

Peter
- Trennung und Neuanfang -

Peter und ich waren also nach meiner Scheidung schnell wieder ein Paar, zwar ohne Trauschein, dennoch praktisch unzertrennlich. Zusammen wohnen allerdings, das würden wir wohl nie.

Trotz aller Schatten der Vergangenheit wagten Peter und ich lebensbejahend abermals den Start in eine gemeinsame Zukunft. Ich war so glücklich darüber, dass unsere Trennung nicht für immer gewesen war! Eine Menge von Möglichkeiten, die Zeit mit lauter schönen Dingen auszufüllen, lag vor uns. Veranstaltungen zu besuchen, Urlaub zu machen in Nord oder Süd, gemeinsam mit meinem Sohn und irgendwann auch nur zu zweit, die Zeit miteinander und uns gegenseitig zu genießen, ein Leben zusammen zu führen, wenn auch in getrennten Wohnungen, unsere Freundschaften gemeinsam zu pflegen und einfach schöne Momente zusammen zu haben ...

All diese Möglichkeiten schöpften wir voll aus; es war eine tolle Zeit! Und am Ende waren es fast fünfzehn gemeinsame Jahre. Natürlich gab es zwischendurch immer mal wieder auch vorübergehende Trennungen – doch jeweils nur von kurzer Dauer. Denn meine Eifersucht war noch lange nicht im Keim erstickt, und das allein konnte das Fass leicht zum Überlaufen bringen. Immer wieder aber fanden wir zueinander, egal was auch passiert war. Es ging also weiter mit erlebnisreichen und aufregenden Jahren.

Mit Marianne und Rudi, unseren gemeinsamen Freunde, verbrachten wir in ihrem Haus, wie im wunderschönen Garten hinterm Haus, wie auch in ihrem Schwimmbad, manch heitere Stunden. Peter half hin und wieder auch bei den Gartenarbeiten mit; denn zu zweit geht es einfach besser und rascher von der Hand.

Doch eines Tages war unsere zweite gemeinsame Zeit urplötzlich zu Ende! Das war im Herbst 1987. Von da an füllten nur noch Schmerz und Trauer mein Leben. Jahrelang! Peter war tot! Er war einfach, ohne vorherige Beschwerden oder dergleichen, während eines kurzen Mittagschlafs nach getaner Arbeit auf dem Sofa bei Marianne und Rudi verstorben. Er war schlicht nicht wieder aufgewacht, und der herbeigerufene Notarzt konnte nur noch den Tod feststellen. Peter war erst einundfünfzig Jahre – viel zu jung ...

Horst
- Glück und Schattenseiten einer großer Liebe -

Erst zwölf Jahre später trat abermals ein wichtiger Mann in mein Leben. Mit dem ich nun wirklich nicht gerechnet hatte: Einige Liebschaften, mehr oder weniger kurze Episoden, sowie drei Ehen hatte ich ja hinter mir. Von Männern fühlte ich mich, vorerst jedenfalls, kuriert. Im Grunde seit Peters Tod, und immer noch damals, im November 1999. Ich war nun 60 Jahre alt, fast 61, und ganz sicher nicht mehr dieselbe wie früher einmal. Wie das eben so ist: Das Leben verändert einen.

Es war irgendein normaler Tag unter der Woche, um die Mittagszeit. Ich wollte meine Freundin Anne vom Bus abholen. Auf dem Weg dahin geschah völlig Unerwartetes: Ein etwas heruntergekommener Straßenmusiker in einer der dunkelsten Gassen unserer Stadt, dem sogenannten Tunnel, führte mich und einen bekannten Arzt aus unserer Region zusammen. Wir machten beide bei dem Musiker halt, hörten zu, gaben etwas Geld – und kamen, ich weiß gar nicht mehr wie genau, ins Gespräch.

Ich kannte den Doktor zwar, aber lediglich als den berühmten Facharzt, also von Weitem sowie flüchtigst und, lange her, als Patientin. Ebenso »kannte«

ich seine Frau, die das Praxisleben mit ihm bis zum Ende geteilt hatte: 1998 war sie verstorben. Seitdem lebte der Doktor allein in seiner großen Villa im Zentrum der Stadt, lediglich die Hausangestellte wohnte noch mit im Haus, im unteren Teil, separat. Den kleinen Plausch im Tunnel fand ich ganz nett, musste ihn aber abbrechen, denn ich wollte Anne ja nicht warten lassen. Zudem war es für mich nur ein Plausch. Zwar sollte er, auf des Doktors Vorschlag hin, einmal bei einer Tasse Tee fortgesetzt werden. Dafür tauschten wir sogar unsere Telefonnummern. Doch das alles nahm ich nicht ernst, hielt es für ein freundliches Geplänkel und mehr nicht.

Wirklich überrascht war ich daher, als Horst, der Doktor mich tatsächlich anrief (übrigens noch am gleichen Tag, abends), um mich zu Tee und Schachspiel zu sich nach Hause einzuladen. Das war schon schmeichelhaft. Doch die Einladung nahm ich immer noch nicht ernst – und lehnte dankend ab. Zudem hatte ich schlicht keine Lust auf irgendwelche Männergeschichten, und auch nicht auf neue Freunde oder Bekannte. Und der Doktor konnte, wenn die Einladung selbst überhaupt tatsächlich als solche gemeint war, auch nicht wirkliches Interesse an mir gefunden haben, denn er war ein feiner Herr – und siebzehn Jahre älter als ich. Der Doktor aber gab nicht auf. Fast täglich läutete das Telefon bei mir, immer neue Einladungen erfolgten. Mal zum Tee, ein andermal zum Schach oder zur Unterhaltung. Irgendwann folgte ich dann doch einer dieser Einladungen. Mit wenig Interesse zwar doch immerhin. Und dann der nächsten und nächsten. Und schon nach einigen Besuchen war ich richtig begeistert: In mir war da jetzt dieses Gefühl, hier ist der richtige Platz, um meine ewig vorherrschende Neugier auf verschiedensten Gebieten befriedigen zu können. Unsere Gespräche nahmen von nun an praktisch kein Ende. Das genoss ich sehr, denn ich war es ja gar nicht gewohnt, meine Fragen, von denen ich doch so unendlich viele hatte, jemals zufriedenstellend beantwortet zu bekommen. Und genau dies geschah nun, so oft ich es wünschte!

Aus meiner anfänglichen Lustlosigkeit erwuchs Freude auf die kommenden Stunden unseres Zusammenseins, und das wurden bis zum Tode des Doktors unzählige. Ja, aus Stunden wurden Tage, Monate, sogar Jahre – für mich eine unbeschreibliche Zeit!

Der Doktor konnte also gar nicht genug von mir, von meiner Lebendigkeit bekommen. Immer wieder rief er mich schon zwischen unseren Treffen, die immer häufiger wurden, an oder schrieb mir wunderschöne Briefe, schickte mir sogar Gedichte. Das beeindruckte mich natürlich, und ich empfand es als ein besonderes Glück, ihn kennen gelernt zu haben. Und dann wurden wir ein Paar. Eine richtige Liebesgeschichte wurde es. Es ging um weit mehr als nur Verliebtsein. Es ging wirklich um Liebe – zwischen Angehörigen zweier sehr unterschiedlicher Schichten der Gesellschaft. Aber so recht glauben konnte ich es lange nicht, und darum nahm ich die ganze Sache, so wunderbar sie auch war, vorerst immer noch nicht vollkommen ernst. Horst, der Doktor, dagegen schon. Sogar nach Australien, an seinen Freund Paschport, hat er nach kurzer Zeit schon seine Freude mitgeteilt. In einem seiner Briefe steht zum Beispiel: »... gewonnen habe ich eine liebenswerte und lebensstarke Partnerin.« Da sieht man schon, wie ernst er es von Anfang an mit mir meinte. Viel ernster, als ich es hätte mir vorstellen können.

Fast täglich beteuerte er mir, als wir erst ein Paar waren, seine tiefe Zuneigung und seine Liebe. Schon bald wollte er mich sogar heiraten, worauf ich nur mit Unglauben reagieren konnte. Seinen Antrag wies ich ab. Das gefiel ihm natürlich nicht. Aber er warb einfach weiter um mich, beschenkte mich mit kleinen Überraschungen und trug die schönsten Rosen zu mir, um mich zu erfreuen (inzwischen trafen wir uns nicht nur bei ihm, sondern auch bei mir). Meine Wohnung wurde für lange Jahre zu einem Blumenparadies. Kaum reichten die Gefäße und Standorte, um all diese Pracht unterbringen zu können. Letztendlich kam ich dann auf die Idee, Rosen an den Stielen zusammenzubinden und an den Gardinenstangen aufzuhängen, damit sie dort trockneten und so trotz Platz- und Vasenmangel dekorativ wirken konnten. In früheren Jahren hatte ich mit dieser Art Trockenblumen schon Erfahrungen gesammelt, allerdings nicht wegen der riesigen Mengen, sondern um an den Rosen, die ich mir persönlich gegönnt hatte, möglichst lange Freude zu haben. Und jetzt hatte ich plötzlich Rosen in Hülle und Fülle!

Zu den Rosen gesellten sich schließlich noch Orchideen. Es gab anregende Gespräche auf diesem Gebiet. Ich hatte bisher nicht gelernt, Orchideen zu pflegen, da ich selbst niemals welche gekauft hatte; sie waren mir zu teuer. Ich wusste natürlich, dass die Orchidee eine kostbare, luxuriöse Pflanze ist, die es verdient, auch als solche behandelt zu werden. Und wie das nun genau geht, und was genau ihre Besonderheiten sind, das erklärte mir Horst. Diese Beschäftigung mit dem Schönen, wie hier bei den Orchideen und auf vielen anderen Gebieten, gefiel mir sehr. In meinem zurückliegenden Leben hatte ich meist handfeste Probleme zu verarbeiten gehabt, und nur selten war ich von Luxus, von Schönem umgeben gewesen. Dazu hatten meine finanziellen Mittel meist leider nicht gereicht, obwohl ich schon immer tiefen Gefallen an allem Schönen gefunden hatte. Da waren zum Beispiel die Konzert- oder Opernbesuche, die ich mir hin und wieder gegönnt und aus denen ich viel Kraft gezogen hatte. Doch alles Schöne und Luxuriöse erlebte ich stets nur eingeschränkt. Das galt eben auch für Blumen. An ihrer herrlichen Blütenpracht hatte ich mich zumeist nur in Blumengeschäften erfreuen können – und nur selten auch zuhause, sowie dann auch nur an recht einfachen Blumen, und an wenigen.

Horst hingegen hatte seinen Hang zum Schönen stets ausgelebt und so auch viel Erfahrung im Umgang mit Orchideen und anderen besonderen Pflanzen und Gewächsen gesammelt. Pflanzen, Blumen, Sträucher waren allgemein eine seiner großen Leidenschaften. Deshalb bereicherte er mit ihnen nicht nur meine Wohnung und mein Wissen, sondern auch auf weitere Weise mein Leben: Etwa konnte ich mich auf der üppigen Terrassen-Landschaft seines Anwesens, wo er so viele dieser Schönheiten versammelt hatte, von nun an so oft ich wollte an ihnen erfreuen. Und wenn wir an Sonnentagen unser Leben mehr draußen als drinnen in einem geschützten Winkel, umgeben vom Duft aller Blütenpracht, verbrachten, hatte ich zusätzlich noch das Vergnügen, Eichhörnchen und Vögel aus nächster Nähe zu betrachten.

Horst war nicht nur ein Freund der Pflanzenwelt; seine Liebe galt auch den Tieren. Großzügig über das gesamte Pflanzen-Paradies verteilt, waren zahlreiche Futter- und Wasserstellen aufgebaut.

Lange Zeit hatte er auch zwei Wasser-Schildkröten, die ich allerdings nicht leiden konnte. Lange musste ich es auch nicht mit ihnen aushalten. Da die Pflege des riesigen Aquariums sehr aufwendig war und Horst ja auch nicht jünger wurde, konnte er die Tiere bald nicht mehr behalten. Er gab sie an eine Zoohandlung ab. Als Haustier blieb seine getigerte Katze Trixi, und die mochte ich sehr. Überall im Haus huschte sie herum. In die eingebauten Wandschränke, zwischen Kleidung und Wäsche, zog sie sich besonders gern zurück. Das alles störte den Doktor nicht.

Mein Leben hatte in eine mir total unbekannte Richtung gewechselt. Horst las mir jeden Wunsch von den Augen ab. Schnell hatte er erkannt, welche Sinne bei mir wirklich angesprochen werden konnten. Er war ein besonders guter Menschenkenner. Eigentlich verständlich, denn in seinen Jahrzehnten als praktizierender Arzt war er praktisch nebenher auch ein guter Psychologe geworden, also im Umgang mit Menschen sehr geübt. Was mich übrigens sehr beeindruckte. Über all seine beruflichen Fähigkeiten hat er jedoch niemals ein Wort verloren. Wie ausgeprägt sie waren, das habe ich aus seinen Arbeiten und Fachbüchern und nicht zuletzt aus seiner Dissertation erfahren.

Für sich selbst war Horst sehr bescheiden, lebte spartanisch und zehrte mehr oder weniger von den

Stunden unseres Zusammenseins. Diese konnte er in vollen Zügen genießen. Leidenschaft und sein männlicher Charme reflektierten in all seinen Gesten und seinem Handeln – in seinem ganzen Sein. Harmonie und tiefes Empfinden durchdrangen uns. Zeilen und gesprochene Worte der Liebe und Glückseligkeit wurden miteinander ausgetauscht.

Der große Altersunterschied von siebzehn Jahren, der mich ganz zu Beginn unseres Kennenlernens noch irritiert hatte, war niemals auch nur der geringste Störfaktor. Horsts Alter wurde durch unsere gemeinsame Zeit um sehr viele Jahre zurückgeschraubt.

Er fühlte sich wieder viel jünger im Herzen und in der Seele – unsere inneren Uhren tickten gemeinsam. Zwei Herzen, aber auch zwei Charaktere hatten zusammengefunden, lebten im Gleichklang. Langweilig wurde es dabei nie. Sehr viel Abwechslung, bedingt durch allerlei Unternehmungen, wie Konzertbesuche, Reisen und Besuche im Bekanntenkreis, hielt unsere Beziehung auf Trab. Aber auch viele wunderbare und nie eintönige Stunden der Muße konnten wir miteinander teilen und genießen.

Und ich habe vor allem viel Neues erfahren dürfen. Dazu kam: Wenn ich gegenüber dem Doktor mein Unwissen laut kundtat, was zwangsläufig ja vorkam, reagierte er stets taktvoll, erklärte erst auf äußerst angenehme Art, und wenn ich mich bei ihm dafür bedankte, sagte er Sätze wie diesen: »Ich habe nur an die Oberfläche geholt, was immer schon vorhanden war.« Diese Reaktionen sind mir bis heute im doppelten Sinn sehr gut in Erinnerung geblieben.

Horst war ein feiner, weiser Mann. Ich fühlte mich angenommen und geborgen, gestärkt und auch aufgerichtet. Horst hat mich zu einem Wesen werden lassen, das nach all den Jahren mit zahllosen Enttäuschungen den Lebensweg nun selbstbewusst und sicher beschreiten kann.

Eine zwischenzeitliche Eintrübung gab es allerdings, was unser Zusammensein betraf. Denn schon nach sehr kurzer Zeit – nach knapp vier Monaten – hatte Horst mir einen Perlenring mit mehreren Brillanten geschenkt. Das war sein Heiratsantrag. Ich wollte den Ring jedoch nicht annehmen, und den Heiratsantrag schon gar nicht. Erneut den Bund einer Ehe einzugehen, dazu war ich noch nicht bereit. Schon deshalb nicht, weil wir beiden Seelen nicht mehr jung an Jahren waren und mir die ganze Sache deshalb ein wenig lächerlich erschien.

Hinzu kam damals, dass es mir total absurd erschien, schon bald ganz offiziell und vollständig an der Seite und in den Armen eines durchaus bekannten und älteren weisen Herrn mein Leben fortzusetzen, mit einem Doktor von bestem Ruf bei seinen ehemaligen Patienten, noch dazu mit beeindruckenden wissenschaftlichen Veröffentlichungen. Letztendlich sogar den Absprung zu wagen in ein nicht mehr von mir bestimmtes Leben. Mehr oder weniger mich neuen Gegebenheiten zu beugen, und das in meinem fortgeschrittenen Alter. Abschied zu nehmen von meinem chaotischen Leben, von jetzt auf gleich. Das war für mich unvorstellbar. Und zudem hatte ich schon zweimal viel zu schnell geheiratet, Dimitrios, den schönen griechischen Gastarbeiter, und Gerd, den Witwer aus Dortmund.

Horst war darüber, dass ich sein Heiratsangebot nicht einlöste, sehr traurig, und er war auch wirklich enttäuscht. Er zweifelte sogar an meiner Zuneigung für ihn. Diese war ihm aber immer sicher, bis zu seinem Tode. Das lässt sich auch daran leicht erkennen, dass ich sämtliche Briefe von ihm gut aufgehoben habe. Es gibt sie immer noch. Darunter auch die aus diesen Tagen, als er, verunsichert durch den abgelehnten Antrag, immer wieder sorgsam gewählte und bekennende Worte über sein Empfinden zu Papier brachte. Worte über die Ernsthaftigkeit seiner Absicht, über die Trauer wegen der Zurückweisung sowie auch über unsere Partnerschaft und Liebe.

Ich freute mich über seine Zeilen, auch wenn sie manchmal schon etwas Bedrängendes hatten. Es tat mir auch leid, ihn zurückgewiesen zu haben – doch er hatte mir keine andere Wahl gelassen. Es war doch alles gut, so wie es war! Wir brauchten keinen Trauschein, und auf gar keinen Fall so schnell. Horsts Antrag war zumindest übereilt gewesen.

Horst sah das offenbar anders: Nur wenige Wochen später versuchte er, mit einer Einladung zu einer außergewöhnlichen Schiffs-Reise um die halbe Welt ein Ja-Wort aus mir hervorzulocken. Ich ging jedoch nicht darauf ein, obwohl er sie – voreilig, was sonst? – schon gebucht hatte. Er musste die Reise, stornieren, was ihn ziemlich teuer zu stehen kam.

Mein zweites Nein machte ihn natürlich wieder traurig. Und abermals teilte er mir dies auch schriftlich mit. All seine Zeilen – immer wieder berühren sie mich tief, wenn ich sie lese. Das gilt nicht nur für die, die unter dem Eindruck meiner Ablehnungen entstanden sind. Nein, das gilt insgesamt für seine Briefe, Nachrichten und Gedichte. Das tiefe Empfinden von Horst, das hier zum Ausdruck kommt, stimmt mich sehr nachdenklich. Manchmal muss ich sogar ein paar Tränen vergießen, wenn ich anfange, in seinen Briefen und Gedichten an mich zu lesen. Ein schmerzhaftes, aber oft auch ein beglückendes Gefühl steigt in mir auf und bricht aus mir hervor.

Doch Horst bewältigte auch diesen Zwischenfall. Unsere wunderbare Beziehung setzte sich fort. Und wir genossen die gemeinsame Zeit – auch wenn er im Innersten damals sicher oft etwas Wehmut verspürte. Weiterhin wurden mir immer wieder neue Blickwinkel eröffnet, wurden Welten von mir erschlossen, die ich bis dahin kaum oder gar nicht kannte, von denen ich teilweise bis dahin nicht zu träumen gewagt hätte. Mit Horst erlebte ich die Berliner Philharmonie mit Konzerten der Welt-Spitzenklasse, Theater und Opernhäuser internationalen Flairs, verbunden mit schönen Reisen und einer exklusiven Hotelwelt, die mir ebenfalls zuvor nur aus den Medien bekannt gewesen war.

Meinen 63. Geburtstag (der wie alle meine Geburtstage zuvor auf den 29. Dezember fiel), Weihnachten und die Jahreswende 2000/2001 verbrachten wir etwa auf der Sonneninsel Gran Canaria, am äußersten Südzipfel einer üppigen Naturoase im Schutz der zauberhaften Dünenlandschaft von Playa de Maspalomas – in einer einzigartigen Umgebung, hervorragend für nicht ganz alltägliche Ferien – im Gran Placa Riu Hotel Oasis mit seinen zweitausend Palmen auf fünfundsechzigtausend Quadratmetern und einem spektakulären Süßwasser-Swimmingpool, von Terrassen umgeben und mit direktem Zugang zum scheinbar unendlich weiten goldenen Sandstrand von Maspalomas. Ein herrlicher Urlaub!

Und an meinem Geburtstag wurde ich vom Hotelpagen mit einem riesigen Strauß roter Rosen – zwischen dreißig und vierzig – am Frühstückstisch überrascht. Horst hatte sich mal wieder etwas ganz Besonderes ausgedacht und bestens arrangiert, um mich zu erfreuen. Das war ihm auch gelungen – auch wenn mir diese Sache zugleich etwas peinlich war, denn sämtliche Hotelgäste im Frühstücksraum schauten nun her zu mir. Dazu prasselten in unterschiedlichen Sprachen Geburtstagsglückwünsche auf mich ein. So sehr im Mittelpunkt zu stehen, das war ich nicht gewohnt.

Und doch: Es war ein tolles Erlebnis – und ebenso ein typischer Horst. Halb getrocknet habe ich die herrlichen Rosen deswegen auch mitgenommen auf die Heimreise. Zuhause habe ich sie als Trockengesteck noch lange aufbewahrt. Und die »Rosenüberraschung« war noch nicht genug, denn zum Ausklang dieses tollen Tages, um nur einen zweiten Höhepunkt zu nennen, öffneten wir unsere Sinne für ein wunderschönes Beethoven-Konzert im eigenen Theater des hohen Professors der Künste, Justus Frantz. Mein Geburtstag war damit herrlich abgerundet – doch unser Urlaub hatte auch dann noch Herausragendes zu bieten: Zwei Tage später wurde das neue Jahr mit klassischer Musik von Ohr und Seele wohltuenden Männerstimmen vom Maspalomas-Chor eingeläutet. So einen Geburtstag bzw. Geburtstagsurlaub, das hatte ich in den zurückliegenden Jahren noch nie erlebt, und mit all diesen wundervollen Begebenheiten ging es schließlich zurück in die Alltagswelt von Lüdenscheid. Meine Erinnerungen sind geblieben.

Horst wollte überall hin mit mir, wollte mit mir verreisen und mich verwöhnen. Deshalb ging es auch bald weiter, und zwar 2001 ab Travemünde nach Finnland. Mit der »Finnjet«, einem alle Bequemlichkeiten bietende Schiff mit Platz für 1.800 Passagiere, und natürlich mit meinem Auto auch an Bord. An der Südspitze des Katajanokka-Terminals betraten wir erstmals finnischen Boden. Im Best Western Seaside Hotel in Helsinki hatten wir gebucht. Besonders aufregend war die Fahrt mit dem Auto dorthin, denn ich musste schon länger hinsehen und mich stark konzentrieren, um während der Autofahrt einen Straßennamen ohne Stocken laut lesen zu können. Von meiner Aussprache schweigen wir lieber, sie war gewiss kilometerweit von der richtigen entfernt. Aber es zumindest zu versuchen, machte ordentlich Spaß bei diesen Zungenbrechern. Es gibt nämlich keine Gemeinsamkeiten von der finnischen mit den meisten anderen europäischen Sprachen.

Im Hotel angekommen, genossen wir einen exklusiven Aufenthalt. Natürlich besuchten wir fast sämtliche Sehenswürdigkeiten Finnlands, unter anderem das Nationaltheater, das Sibelius-Monument (Jean Sibelius, die musikalische Stimme Finnlands), sowie die Uspenski-Kathedrale (größte orthodoxe Kirche der Diaspora) mit ihren vergoldeten Turmkuppeln.

Als nächstes großes Ziel, für das Frühjahr 2002, hatte Horst etwas Historisches ausgewählt. Am Fuße der Pyramiden von Gizeh lag unser Luxus-Hotel Le Meridien Pyramids, in dem wir einige Tage verbrachten, bis es dann weiter durch Ägypten ging zum Jolie Ville Mövenpick – Luxor Resort und Crocodile Island, das sich mitten im Nil befindet. Unvergessliche Eindrücke der ägyptischen Geschichte mit ihren Pyramiden und Tempeln, Sakkara, Luxor und Gizeh sowie die Festungen und Moscheen ... Atemlosigkeit und Begeisterungsäußerungen wechselten sich sozusagen ständig ab. Ebenso lösten das Großstadtleben von Kairo und das weltbekannte staatliche Museum bei mir mehr als nur Faszination aus. Die Worte, zu beschreiben, was da mit mir passierte und wie es mich bewegte, die fehlen mir einfach. Und Horst? Er hatte seine helle Freude an meiner Freude ...

Unsere letzte Reise führte dann nach Norwegen, im Sommer 2002. Von Hamburg nach Bergen eingeflogen, traten wir von dort aus eine grandiose Schiffsreise an: Zwölf Tage kreuzten wir mit der Majestät des Nordpolarmeeres MS Nordkapp durch Norwegens Fjordland, vorbei an den Lofoten, Hammerfest, Kirkenes und dem Nordkap, dem nördlichsten Punkt Europas. Das Land der Mitternachtssonne – so etwas Faszinierendes gibt es auf der Welt nicht noch einmal!

In gemütlichen Kaffees, Bars und Panoramasalons verbrachten wir die Abende bei Tee oder Wein und begeisterten uns an den Eindrücken des Tages.

Aus gesundheitlichen Gründen mussten weitere Reisen leider unterbleiben, obwohl Horst schon Pläne für den nächsten Aufenthalt geschmiedet hatte. Nach Sevilla hätte es gehen sollen, in das ihm bekannte Hotel Alfonso XIII, eine Luxusherberge von bestem Ruf und Wahrzeichen der Stadt im spanischen Andalusien. Des Öfteren hatte er mir von seinen unvergesslichen Erlebnissen in Spanien erzählt, und nun wollte er seine Eindrücke mit mir natürlich auch direkt vor Ort teilen, umgeben von all den Schönheiten Sevillas, in diesem außergewöhnlichen Hotel.

Aber: Unsere Reisezeit war zu Ende. Schade, sehr sogar. Doch unserer Beziehung konnte das nichts anhaben. Das Leben besteht schließlich nicht nur aus Reisen. Und wir hatten ja weiterhin uns, und es gab ja die anderen schönen Besonderheiten nach wie vor. Was Horst alles wusste und mir nach wie vor beibringen und zeigen konnte! Unter anderem wurde mein Interesse für die Ausdrucksformen der schönen Künste – Musik, Literatur und Malerei weiter gefördert. Das Schöne war auf diese Weise weiterhin fester Bestandteil meiner neuen Welt. Ach, ich freute mich so sehr über all diese neuen Wegweiser und wünschte mir, dass ich mit Horst zusammen noch recht viele Jahre erleben könnte.

Was mich jedoch traurig stimmte, war, dass ich mein Glück sowie meine Gedanken über meinen damaligen Seelenzustand mit niemandem teilen konnte. Denn mit Freundschaften hatte ich es nicht so; ich war zwar nie wirklich alleine im Leben, hatte immer Menschen um mich, doch meist waren es nur viele Bekannte. Und was mir schon wehtat: So harmonisch es zwischen mir und Horst auch war, so sehr wurde dies auch oft nicht gesehen. Einige Leute, die mich und den Doktor kannten, warfen mir sogar öffentlich böse Wörter entgegen, bezeichneten mich als raffiniertes, berechnendes Frauenzimmer, unterstellten mir, ich hätte es nur auf des Doktors Vermögen abgesehen.

Zu den Personen, die mich ablehnten, gehörte leider auch Horsts Sohn. Zu erwähnen ist hier aber auch, dass schon vor meinem Eintritt in das Leben von Horst kaum eine Verbindung zu seinem Sohn und dessen Familie bestand. Selbst die Hochzeit des Sohnes wurde ohne seine Eltern gefeiert; sie waren zu diesem Fest in außergewöhnlichem Rahmen auf Burg Schnellenberg nicht eingeladen.

Horst und ich hatten zwar immer noch die Hoffnung, dass die Familienbande wieder enger werden würden, nachdem es 2000 zu einer ersten, vielversprechenden »Begutachtung« meiner Person gekommen war. Aber nun gut, vielleicht ist das auch ein wenig verständlich, dass es durch mich keinen Dauerkontakt gegeben hat, denn welcher Sohn teilt schon gerne seinen Vater mit dessen neuer Frau? Letztendlich war ich für den Sohn und seine Familie die abgelehnte Liebhaberin des Vaters; so blieb es bis zu Horsts Tode im April 2010.

Mehr Familie hatte Horst nicht. Horsts einzige Tochter war bereits 1984 ums Leben gekommen, auf sehr mysteriöse Weise auf einer Party im Hochsauerland; sie war erst 29 Jahre alt. Kunstgeschichte hatte sie studiert, und der Liebling der Familie war sie gewesen. Unter diesem schmerzlichen Verlust haben Horst und seine Frau sehr gelitten.

Die wirkliche Familiengeschichte mit all ihren Tragödien erfuhr ich erst im Laufe der Jahre, natürlich von Horst selbst. Die Höhen und Tiefen unserer Vergangenheiten, bevor wir uns kennen und lieben gelernt hatten, waren oft Thema unserer Unterhaltung. Neben einem wunderbaren kleinen Gedichtband, verfasst von Horst, der auch gedruckt und verteilt worden ist, ist so auch viel weiteres Geschriebenes entstanden. Wir haben unsere Gedanken und Erlebnisse jeweils zu Papier gebracht. Also all das, was zu uns gehörte. Und als Horst 2005 bettlägerig wurde, habe ich sogar einige unserer tiefgehenden Dialoge – natürlich nicht Wort für Wort – aufgeschrieben. Sie waren besonders berührend und auch bereichernd für mich.

Doch war alles wirklich nur gut mit Horst? Nein, natürlich nicht, sehr vieles war wie im Märchen, aber letztlich lebten wir ja nicht in einem Märchen, sondern in der echten Welt. Also gab es auch mal Probleme beziehungsweise einen wunden Punkt in unserer Beziehung, der schon recht früh erstmals auftrat und uns dann auch über Jahre hinweg begleitete: Horsts Umgang mit Alkohol. Wenn wir unterwegs oder auf Reisen waren – und das waren wir häufig – tranken wir zum Essen guten Wein. Meist aber ging der Wein schneller zur Neige als das servierte Essen, und es wurde nachbestellt. Auch im Privaten gab es häufiger und mehr Alkohol, als ich es für gut hielt. Das gefiel mir nicht, und irgendwann konnte ich es einfach nicht mehr ertragen. Da zog ich mich, ohne nähere Erklärung und auch ohne dass ich meine Alkoholskepsis zuvor ausführlicher zum Thema gemacht hätte, für einige Zeit zurück in meine Wohnung. Das passierte mehrmals. Einmal waren es sogar fast drei Monate, um die Weihnachtszeit 2002 herum.

Gerade in dieser langen Pause gab es zwischen uns nur eine Menge Briefe, sonst keinen Kontakt. Meine Gedanken kreisten natürlich immer um Horst und mich.

Da ich aber auch einmal auf andere Gedanken kommen musste, rang ich mich endlich dazu durch, meine Sachen zu packen und nach Berlin zu fahren, um dort mit meinen Kindern die Weihnachtstage, den Jahreswechsel und dazwischen, am 29. Dezember, meinen Geburtstag zu verbringen. Das war dann auch eine schöne Zeit mit der Familie. Aber ohne Horst fehlte mir doch etwas. Natürlich kam ich auf andere Gedanken; das geht ja auch kaum anders bei einem Besuch, noch dazu in einer Stadt wie Berlin. Aber spätestens in den stillen Stunden, besonders abends vor dem Einschlafen, drehte sich doch meistens alles um uns. Wirklich gut ging es mir ohne Horst nicht.

Und Horst erging es während unserer Trennung auch nicht gut: Allein in seinem großen Haus, fühlte er sich recht verlassen. Und da dieses Gefühl an Weihnachten und Silvester noch klar gesteigert worden wäre, nahm er trotz seiner unglücklichen Familienverhältnisse Kontakt zu seinem Sohn auf und flog mit der Familie zusammen auf die Kanaren. Ein guter Plan! Doch dort, mit diesen Menschen, fühlte er sich dann trotzdem richtig einsam. Das ging aus seinem später folgenden Brief an mich, der sehr melancholisch war und stellenweise depressiv wirkte, klar hervor. Eine Formulierung, die mich besonders erschreckte, lautete:

»Mein bewegtes Leben, dessen Härten Du nicht ahnen kannst, mag mich unempfänglicher gemacht haben gegen Eindrücke, Worte, Erlebnisse, die höhere Sensibilität erfordert hätten ...« Als ich diese Worte gelesen hatte, machte ich mir natürlich größte Sorgen und fuhr schnellstmöglich zu ihm. Wie nur musste es ihm, dem großen Doktor, wohl gehen, dass er so schrieb!

Schon während meiner Fahrt von zuhause zu ihm, war mein Ärger vergessen. Und ich wollte das eigentlich intakte Verhältnis nicht weiterhin trüben – nur weil ich den Alkohol für etwas zu viel hielt. Vielleicht hatte ich hier ja von vornherein übertrieben, mir zu viele Gedanken gemacht, wo es gar nichts zu bedenken gab? Ich dachte unwillkürlich an all die vielen Sonnentage und -stunden zurück, an das gemeinsam Erlebte, das von Horst an Liebe und schönen Erfahrungen Erhaltene – an all unsere wunderbaren, gemeinsamen Interessen, an den gleichen Takt, den wir hatten und lebten; und daran, dass wir uns gar niemals verlieren wollten!

Also verbrachten wir die Wochenenden und viele Tage darüber hinaus nun wieder zusammen. Meist waren wir in Horsts Villa, spielten Schach oder unterhielten uns über die Ereignisse in der Welt. Von leiser klassischer Musik im Hintergrund ließen wir uns bei einer guten Flasche Rotwein zart berieseln, bis der Tag sich zur Nacht neigte.

Da Horst inzwischen sehr wenig Nahrung zu sich nahm – außer, wenn ich ihn bekochte und ihn zum Essen zu mir nach Hause einlud, wo wir uns mit leckeren Speisen in schöner Umgebung verwöhnten – genügten ihm nun oft schon ein, zwei Gläser Wein, um das Gleichgewicht zu verlieren. Ihm wurde schwindelig, und er brach dann zusammen. Hatte ich mit meinen ablehnenden Gedanken zum Alkohol nicht doch recht gehabt? Nun gut – egal, ich hatte mich entschieden für Horst, für uns, und auch dafür, dass Wein und Whisky eben zu ihm gehörten. Ich stellte nichts in Frage, sondern genoss einfach die Stunden mit ihm und zog mich auch dann nicht zurück, als sich seine Zusammenbrüche häuften.

Wenn ich gerade mal nicht die Nacht bei ihm verbrachte, dann rief mich die Hausangestellte, die ja im Haus eine Wohnung hatte, in solchen Fällen an und bat um Hilfe. Umgehend eilte ich, ganz egal wann, zu Horst, und gemeinsam mit der Hausangestellten brachte ich ihn dann ins Bett. Doch nicht immer reichte dies aus. Hin und wieder gab es auch Stürze, die größere Verletzungen verursachten, so dass Horst mit ärztlicher Hilfe oder gar im Krankenhaus behandelt werden musste.

Ich regelte dann für ihn, was nötig war, und besuchte ihn natürlich an seinem Krankenbett. Für mich rätselte ich natürlich, wie viel der Wein hier wohl ausmachte, und wie sehr es schlicht Horsts Alter war? Immerhin war er schon 83. Ich wünschte ihm und mir stets sehr, dass er wieder ganz der Alte werden würde – wusste aber auch, dass dies nicht geschehen konnte. Der Horst aus unseren Anfangstagen, der Doktor, würde nicht mehr zurückkehren; doch würde auch dieser Horst hier nun eben mein Horst sein. Ich wollte treu bei ihm bleiben.

Nach einem Krankenhaus-Aufenthalt im Februar 2005 wurde Horst auf Veranlassung seines Praxis-Nachfolgers nicht mehr nach Hause in seine geliebte Umgebung entlassen. Von nun an sollte er seinen Lebensabend in einem Seniorenzentrum verbringen. Meine ganze Energie setzte ich helfend ein, damit sich Horst alsbald in das neue Leben einfinden konnte – und gemeinsam mit mir wieder Freude erleben durfte. Ich arrangierte alles, was mir möglich erschien. So ließ ich unter anderem einen Teil seiner Lieblingsmöbel, den Schreibtisch, den handgearbeiteten runden Tisch von Helmut, seinem Freund aus Eckernförde, und eine Polster-Sitzecke aus seiner Villa in das Seniorenzentrum transportieren. Auch seine Gemälde von befreundeten Malern – am Rand bemerkt, sehr bekannten.

Seine aus dem Urlaub mitgebrachten Ikonen fanden ebenso in seiner neuen Bleibe nach und nach einen Platz. Und natürlich, wohl das Wichtigste, wurde auch seine heiß geliebte Barock-Uhr wieder bei ihm aufgestellt; ein sehr alter Chronograph, und für ihn ein wertvolles Erinnerungsstück. Schon als er ein Kind war, stand sie da, in seinem Elternhaus, und er hatte sie aufziehen dürfen – mit einem ganz besonderen großen Schlüssel. Da Horst nun bettlägerig war, wurde es meine Aufgabe, dieses gute Stück stets in Gang zu halten. Niemand außer mir durfte die Uhr berühren. Das blieb bis zu seinem Tode so.

Im Wesentlichen verlief der Aufenthalt im Seniorenzentrum problemlos. Wir erlebten erneut wunderbare und inhaltsreiche Stunden. Fast täglich besuchte ich Horst. Bis einige Monate vor seinem Tod im April 2010 konnten wir unseren gemeinsamen Interessen noch ganz gut nachgehen, indem wir einfach weiterhin beim Schachspiel den Tönen der klassischen Musik im Hintergrund lauschten und uns ausführlich unterhielten. Horst wirkte in seinem neuen Umfeld zufrieden auf mich, bescheiden und niemals klagend. Das Pflegepersonal kümmerte sich hervor-ragend um ihn. Für jedes liebe Wort war Horst dankbar, nicht nur mir, sondern auch allen Helfern gegenüber. Ich bewunderte seine Haltung.

Seine Weisheit und Gelassenheit übertrug er in wunderbarer Form auf seine Mitmenschen. Ich bin dankbar für jede Stunde mit ihm – auch wenn damals, gerade als es ihm zunehmend schlechter ging, viele traurige darunter waren.

Und die Worte, die Horst oft gesagt, wiederholt auch in seinen Briefen an mich aufgeschrieben hatte: Die Zukunft – offen – liegt vor uns Worte – verwandelten das Bild von nun an zur Realität.

Ohne Mann
- Es geht auch alleine, und das nicht schlecht -

Über siebzig Jahre, voll von schwierigen Zeiten, von Brüchen und Abschieden und bitteren Niederlagen, doch auch von vielen hoffnungsvollen Neustarts und Höhepunkten liegen hinter mir. Geprägt sind sie nicht zuletzt durch meine Männer, anhand derer ich meine Geschichte hier erzählt habe. Von den Männern meines Lebens, von meinem Vater über Klaus, Dimitrios, Claus, Peter, Gerd und Horst bis hin zu meinem Sohn (der, aus chronologischen Gründen, kein eigenes Kapitel hat, doch viele mitbestimmt).

Sie alle sind nicht mehr an meiner Seite. Doch ganz fort sind sie auch nicht. Sie bleiben immer ein Teil von mir. Und Dirk, mein Sohn, ja, der ist gar immer noch ein wichtiger Teil meines Lebens, wenn er natürlich auch schon lange nicht mehr jeden Tag bei mir ist. Zusammen mit seiner Familie bereichert er mein Leben. Über ihre Familien-Besuche freue ich mich immer sehr, über jedes dieser allwöchentlichen Erlebnisse, und über die außerplanmäßigen natürlich auch.

Vielleicht ist es das, was von einem Leben übrig bleibt: die Familie und ihre nächsten Generationen. Und wenn es so ist, dann hat mein Leben einen reichen Ertrag. Das kann ich schon einmal beruhigt festhalten. In Rheke, meiner Enkelin, habe ich zudem eine ganz wunderbare

Reisegefährtin gefunden, mit der ich diese besonderen Momente – die Momente des freien In-der-Welt-Seins, des Welt-Erkundens – bestens teilen kann. Ich reise zwar auch gerne mal alleine, doch nur alleine, das wäre nicht schön. Viel lieber habe ich, durch die Welt gleitend, auch immer wieder einen ganz besonderen Menschen an meiner Seite. Und ein solcher ist meine Rheke.

Hier gelangen meine Aufzeichnungen an ihr Ende. Wir sind in der Gegenwart angekommen. Doch – ein paar Worte sind schon noch zu sagen. Doch welche genau?

Ich stehe auf, wandere, wieder einmal, in unklare Gedanken versunken durch mein Arbeitszimmer. Solche Pausen braucht es beim Schreiben. In ihnen ordnet sich der Geist neu, strukturiert sich das zu Erzählende, noch ohne dass man sofort ein klares Ergebnis hat. Doch wenn man sich nun wieder zum Schreiben hinsetzt, dann kommt man wahrscheinlich abermals ein Stück voran.

Wie gewohnt gehe ich schließlich, immer noch ein wenig gedankenverloren, zurück an meinen alten Schreibtisch. Ich setze mich aber nicht gleich. Betrachte ihn kurz. Alt ist er, wirklich alt, Jahrgang 1709, und aus dunklem Eichenholz. Er begleitet mich seit Anfang der neunziger Jahre, als meine Begeisterung für Antiquitäten so weit fortgeschritten war, dass ich zu zahlreichen

Antikmärkten und Ausstellungen in verschiedene Städte gefahren bin, um eventuell ein einzigartiges Stück zu erwerben, was mir dann beispielsweise auch mit diesem Schreibtisch gelang. Irgendwann gesellte sich auch ein Kabinettschrank aus Eichenholz mit reich geschnitzten Karyatiden im Stil der Renaissance zu dem Schreibtisch. Er erweitert seitdem sozusagen Raum und Wirkung des Schreibtischs aufs Wundervollste und verschönerte so ab Beginn meine geliebten Aufenthalte am Schreibtisch, dessen beide Türen an der Vorderfront wiederum mit prägnanten Schnitzereien auf dunklem Eichenholz versehen sind, noch weiter. Bei einem englischen Antiquitätenhändler in Bochum habe ich den Kabinettschrank erworben, obwohl ich dazu gar kein Geld hatte. Aber ich war so verliebt in dieses Stück, schon an sich und erst recht, weil es einfach hervorragend zu meinem Schreibtisch passte, dass ich für den Kauf ruckzuck meine Lebensversicherung kündigte. Als mein geliebtes Möbelstück kurz darauf vom Engländer höchstpersönlich angeliefert wurde, war ich total glücklich darüber!

Täglich in der Frühe, etwa gegen sieben Uhr, hin und wieder etwas früher oder später, setze ich mich an den Schreibtisch, der genau gegenüber dem Kabinettschrank steht und direkt unter einem Fenster. Für mein Frühstück mit einer herrlichen Tasse Ostfriesentee ist es geradezu der ideale Platz. Ein Ritual, wie in all den Jahren schon zuvor, seit beinahe einem Vierteljahrhundert. Was sich nur verändert hat: dass er heute an einem anderen Ort, nämlich in Berlin steht.

Nach Horsts Tod wurde Ende des Sommers 2010 Berlin meine neue Heimat; hier lebe ich in einer schönen Wohnung in der Nähe meines Sohnes.

Der Abschied von meiner alten Heimat war schon mit etwas Wehmut verbunden. Es ging ja nicht nur um einen Wohnungswechsel, sondern auch um einen Abschied von Freunden und Bekannten, einem Kreis, der mir ans Herz gewachsen war, Gleichgesinnte, zu denen ich Vertrauen aufgebaut hatte ... Doch nach Horsts Tod war es Zeit für einen Neubeginn, und ich wollte bei meiner Familie sein, bei Dirk und seiner Familie. Und ich habe es immer genossen und genieße es noch, wenn ich meine inzwischen zwei Enkelkinder um mich habe.

Einen Mann an meiner Seite habe ich nicht. Doch allein bin ich auch nicht. Neben der Familie und alten Freunden, zu denen der Kontakt nie abgerissen ist, habe ich auch neue Bekannte. Wenn ich eine Begleitung für eine Unternehmung suche, wenn ich einfach mal etwas plaudern möchte ... ich finde dann schon jemanden. Und mein Telefon und meine Türklingel gehen auch nicht zu selten.

Viel Zeit habe ich natürlich auch nur für mich selbst. Ich bin aber ohnehin seit Langem eine auf Freiheit und Selbständigkeit bedachte Person, will und brauche auch viel Zeit für mich. Mit meiner Zeit weiß ich sehr gut etwas anzufangen, ich lese, reise, besuche Ausstellungen, Konzerte, Theateraufführungen, Lesungen (in einer Weltstadt zu leben, das muss man auch nutzen, den kulturellen Reichtum, der einem hier geboten wird, genießen!), und ich schreibe selbst, zum Beispiel diese Erinnerungen hier. Im Grunde reicht die Zeit nie aus. War das jemals anders? Wird es je anders sein? Klar, die berufsbedingten Anforderungen, die mich rund vierzig Jahre immer auf Trab gehalten und zeitlich eingeengt haben, sind schon lange entfallen, auch habe ich keine alltägliche Verantwortung mehr für andere, nicht als Tochter, nicht als große Schwester, nicht als Mutter und nicht als Partnerin. Doch meine Tage sind eben gut ausgefüllt.

Vielleicht ist das ja auch eine »Altlast« meines früher allgemein oft vollgestopften Tagesablaufs? Ich denke schon. Jedenfalls gilt: Ich kann nicht einfach nur nichts tun. Ich bin es gewohnt, tätig zu sein, eine Aufgabe zu haben und mir auch selbst Aufgaben zu suchen. Ich brauche es. Und da mein Interesse an der Welt, den Menschen, der Kunst bis heute nicht nachgelassen hat, gibt es wahrlich auch keinen Grund, sich »zur Ruhe zu setzen«, also dem völligen Nichtstun zu ergeben, sich praktisch dem Tod zu überantworten, ohne dass dieser überhaupt schon wirklich an der Reihe wäre. Nein im Gegenteil: Manches Mal in meinem Leben bin ich bereits als störrisch oder widerborstig gesehen worden – diese Seite an mir soll der nette Herr mit der Sense ruhig auch einmal kennenlernen!

Ich muss also tätig sein, will tätig sein. Denn das Leben ist viel zu kostbar, um es zu verschenken. Und meine fast vierzig Jahre im Beruf (wenn man nur meinen Hauptweg rechnet) haben mich selbstverständlich tief geprägt, ein gemächliches Hausfrauendasein hatte ich ja nie. Stattdessen bin ich einen langen Berufsweg gegangen, mit einigen kurzen Abzweigungen und Nebenwegen (etwa als Claus und ich selbständig unser Lebensmittelgeschäft geführt haben).

Vor allem aber bin ich, das war mein Hauptweg, durch die verschiedensten Büro-Positionen der unterschiedlichsten Branchen der Industrie-Gesellschaft »gewandert«. Angefangen vom vierzehnjährigen Lehrling bis hin zur verantwortlichen Ein- und Verkaufsleitung. Büro-Einzelhandel, Metall- und Halbzeug, Kunststoff, Druck und Papier – all diese Branchen waren mir jeweils zügig vertraut, und die Übergänge gestalteten sich auch so, dass sich mir die je neue Branche ohnehin nicht ganz fremd zeigte. Mit zunehmenden Wissen und wachsender Bildung sowie dem Drang, auch weiterhin Neues zu erfahren, ging ich dann sogar, nach zwanzig Jahren in beherrschter Materie, den durchaus nicht risikofreien Schritt in die für mich ganz fremde und geheimnisvolle Arbeitswelt der Chemischen Industrie. Die Ahnung des Anderen zog mich an. Und der Schritt in den Bereich der chemischen Oberflächenbehandlung von Aluminium und Stahl führte mich denn auch wirklich in eine neue und aufregende Welt, eine Welt, die der Welt all meiner bisherigen Erfahrungen unendlich fern war: Lateinisches Vokabular, Verschwiegenheitserklärungen, zigfach gegengezeichnete Verträge und viele andere Dinge mehr stürmten unablässig auf mich ein. Höchste Konzentration und vollster Einsatz waren gefragt, ich wurde gefordert wie nie zuvor.

Ich hielt durch und bestand. Überwand auch eine sehr unangenehme Zeit, in der es um einen brisanten Zwischenfall im Hinblick auf Betriebsgeheimnisse und Verratsanschuldigungen ging, der im Zusammenhang mit meinem Wechsel zu einem anderen Unternehmen auftrat, einem direkten Wettbewerber meines ersten Chemieindustrie-Arbeitgebers. Dieser Wechsel löste einen Tumult aus! Und auch nach ihm bestimmte das Berufliche erst einmal weiter mein ganzes Leben: Ich musste nun noch viel mehr wissen und leisten, hatte noch mehr Verantwortung als in meiner vorherigen Position – zwar stimmte die Bezahlung, doch der Druck war schon groß, und die Überstunden waren nicht wenige. Das Private konnte nunmehr endgültig nur die minimalste Nebenrolle spielen. Dies wiederum, diese Konzentration auf eine Sache, auf eine große berufliche Herausforderung, verlieh der Stelle aber durchaus auch mit ihren außerordentlichen Reiz.

Meine Zeit in der chemischen Industrie war die beste in meiner bunt gefächerten Berufslaufbahn. Gerade all die vielen Kurse, Seminare und Persönlichkeitstests, die mich mit Herzklopfen bis zum Halse schließlich zum Erfolg führten, steigerten mein Selbstbewusstsein mehr und mehr, was dann meinen Spaß an der Arbeit zwangsläufig auch noch weiter erhöhte und zu weiterer Anerkennung und weiteren Chancen führte … Es war einfach eine super Zeit!

Allgemein hatte ich in meinem Berufsleben viel Glück mit Chancen (die es dann freilich auch zu nutzen galt!) sowie auch mit rücksichtsvollen Chefs (gerade in Zeiten turbulenten Privatlebens). Ende Dezember 1998 bin ich in Rente gegangen.

Doch ganz Abschied nehmen wollte und sollte ich auch da noch nicht: Ein Jahr lang ging ich noch stundenweise in mein altes Büro, und das sehr gerne.

Was mir immer ganz besonders am Arbeiten gefallen hat: viele unterschiedliche Leute kennen zu lernen, in den Büros sowie auch unterwegs, im direkten Kontakt mit Kunden und Lieferanten. Und immer neue, sinnvolle Aufgaben zu haben.

Es lässt sich wohl festhalten, nach der Beschreibung vor allem meines Privatlebens und der kurzen Zusammenschau meines Berufslebens nun: Die Ahnung des Anderen zog mich immer wieder an. Ich suchte die Herausforderung. Und ich ließ mich gerne voll und ganz auf die Dinge ein.

Zur Ruhe kam ich mein Leben lang allgemein eher nicht. Vielleicht wollte ich es auch gar nicht. Der Gedanke liegt schon nahe, wenn man bedenkt, dass ich etwa Anfang der Achtziger nach Feierabend, obwohl mein Job gut bezahlt war, französische Parfüme und Kosmetik für ein norddeutsches Unternehmen in Bars oder anderweitig an Privatleute verkaufte, sowie daneben und auch später noch manchmal Doktor- oder Examens-Arbeiten für Leute abtippte, die in der Tageszeitung annonciert hatten. Mit diesen Nebentätigkeiten finanzierte ich zum Teil meinen Tennissport und später, ab 1986, die regelmäßigen Berlin-Besuchsfahrten zu meinem Sohn.

Ich liebte also stets die Aktivität, und ich mochte meine Arbeitsstellen. Mit einigen Chefs und Kunden blieb ich folgerichtig, auch wenn ich die jeweilige Firma bereits verlassen hatte, weiterhin befreundet. Ich hatte stets das Glück, zu vielen meiner Kunden einen guten Draht zu haben und mit den jeweiligen Chefs ebenfalls gut klarzukommen. Gerade meine Chefs waren dabei immer wieder außerordentlich wichtig für mich: Sie hatten ja stets Verständnis für das chaotische Leben innerhalb meiner Familie und dafür, dass sich so mein Privat- und Berufsleben oft weit mehr gegenseitig beeinflussten als bei vielen anderen Menschen. Sie unterstützten mich sehr, gerade in besonders schwierigen Situationen.

Und doch, mein turbulentes Privatleben blieb nicht ohne sehr ernste Folgen. Die Probleme mit meiner Mutter, die Negativ-Erlebnisse mit Männern, meine steten Bemühungen, es anderen recht zu machen und so viele andere Dinge mehr schadeten meiner Gesundheit. Meine Kräfte versagten wiederholt. Es kam zu Herzrasen und Nervenzusammenbrüchen, sogar stationäre Behandlungen waren erforderlich.

Und dann war meine ohnehin schon klar angeschlagene seelische und körperliche Stabilität sogar vollkommen dahin: Krebs, die tödliche Kraft, in Brust und Lymphe, lautete die Diagnose! Vielleicht ist es übertrieben, den Krebs als Ausdruck von seelischer Überlastung anzusehen? Manche werden das gewiss sagen, mir aber kam und kommt es so vor, dass da doch ein Zusammenhang besteht.

Meine Gedanken pendelten von dieser Diagnose an nur noch zwischen Hoffen und Bangen, mal in unerträglich langsamem, mal im überfordernd schnellen Rhythmus. Eine furchtbare Zeit! Wie grauenvoll ich mich fühlte, wenn ich daran dachte, wie nahe der Tod war – und mit meinen Lieben darüber reden konnte ich natürlich nicht. Gerade da ich wusste, wie ernst es um mich stand, bemühte ich mich, meine Gefühle zu verbergen. Vor allem vor meinem Sohn, 17 Jahre alt, die Mittlere Reife gerade bestanden, das Abitur vor sich und den Weg nach Berlin zum Studium bereits im Blick. Doch auch vor allen anderen hielt ich meine Gefühle so gut es ging zurück. War ich aber alleine, so liefen mir meine Tränen unaufhörlich über mein Gesicht.

Die Operation, ein schwerer Eingriff, fand am 21. Oktober 1981 statt. Ungefähr zwölf Stunden danach, noch an ein Schlauchsystem angeschlossen, erfuhr ich, dass alles gut ausgegangen war; erneut musste ich weinen. Vor Freude, aus Dankbarkeit – mein Leben war gerettet!

Damit war das Thema Krebs natürlich noch nicht gleich abgeschlossen. Es folgten noch viele neue Untersuchungen, mit teils sehr unangenehmen Prozeduren – und stets auch von einem Angstgefühl begleitet. Was, wenn der Krebs wiederkam? Manche entschließen sich aus Furcht vor so einer Nachricht, um den Untersuchungen an sich zu entgehen, gar dazu, keine Untersuchungen mehr durchführen zu lassen. Ich habe sie tapfer durchgestanden. Und auch eine lange Zeit der Strahlentherapie habe ich mitgemacht. Ich kämpfte gegen den Krebs. Durch diese äußerlich erkennbaren Dinge, noch vielmehr aber innerlich, hier rang ich wie eine Wilde mit ihm: Ich will doch leben, leben, leben für meinen Sohn, den ich über alles liebte! Ich kämpfte und weinte, ich kämpfte und weinte … und stürzte mich nach einigen Wochen auch wieder in die Arbeit, aus Verantwortungsbewusstsein, um mein normales Leben wieder zurückzuerobern, auch um mich so abzulenken und neue Kraft zu schöpfen im Kampf gegen den Krebs.

Das allgemeine Leben normalisierte sich nun auch allmählich. Dirk strebte auf sein Abitur zu, meine Mutter, nach einigen psychischen Rückfällen mittlerweile wieder einigermaßen stabilisiert, meisterte die schwierige Situation, und mein damaliger Freund Peter stand mir bei, das war wohl mit ein entscheidender Faktor; er ließ mich nicht allein mit meinem schweren Los. Bloß Susanne, meine Schwester, lebte, wie eh und je, in Norddeutschland, fern vom Geschehen. Und es schien ihr, was mich an sich freute, ganz gut zu ergehen. Nur leider kümmerte sie nichts mehr. Mitgefühl und Beistand, zumindest aus der Ferne, hätte ich schon von ihr erwartet. Ich wurde, was mich schon bis heute durchaus schmerzt, enttäuscht. Jedoch: Ich war ja gut umsorgt, es waren ja tolle Menschen für mich da! Also will ich hier nicht zu sehr jammern. Und viel lieber erfreut feststellen: Heute, über dreißig Jahre nach der Operation, bin ich immer noch wohlauf! Ich habe den Krebs besiegt! Ich werde nie vergessen, was für ein Glück ich hatte, dem Tod entkommen zu sein.

Ihn zu besiegen, das bedeutete für mich auch: ein neues, ein verändertes Leben zu beginnen.

Und meine große Liebe für das Leben, die ich, vorher durchaus nicht mehr sehr lebenshungrig gewesen war, durch ihn wiedergefunden hatte, verlor ich niemals mehr.

Besonders ausgedehnte Spaziergänge durch die Natur öffneten, nachdem der Tod erst einmal besiegt war, meine Sinne. Auf ihnen dachte ich über viele Dinge nach und ließ mir klar werden, was mir gut tut und was nicht.

Heute gehe ich zum Beispiel viel seltener aus als früher, nur wenn etwas meinen Interessen entspricht und mir wichtig ist, gehe ich hin.

Die vielen Frauenfreundschaften, Treffs in Turn- und Wander- sowie auch Heimatvereinen mit Ausflügen und Besichtigungen, wie ich das in früheren Jahren gewohnt gewesen war, gibt es so nicht mehr. Denn ein wirklich erfüllender Gesprächsaustausch hatte hier auf Dauer sowieso nicht funktioniert. Vorwiegend wurde, so mein Erleben, in aller Ausführlichkeit getratscht und gestritten. Viel zu selten ging es um das wirkliche Verstehenwollen des Anderen, eventuell erkannte Schwächen wurden oft nur für sich selbst zu Nutze gemacht. Schlichtweg war das Sich-Unterhalten meist nur ein Zeitvertreib. Doch wozu im Alter die Zeit einfach nur vertreiben? Sie ist doch knapp und kostbar!

Meine Sucht nach den Ausdrucksformen der schönen Künste, der Malerei, Musik und Literatur, hat sich hingegen, besonders was die Früchte der ernsteren Muse angeht, noch verstärkt.

Und auch meine Liebe und Neigung zum Schreiben lebe ich verstärkt aus. Deshalb besuchte ich auch entsprechende Kurse in der Volkshochschule sowie Schreibwerkstätten. Doch nicht nur deshalb: Ich bin nach wie vor keineswegs menschenscheu, wollte den Kontakt mit Gleichgesinnten, um mit ihnen meine bisher wenig ausgelebten oder gar verborgenen Interessen teilen zu können. In der Tat waren die Gespräche hier fruchtbarer als jene, die ich aus Heimatvereinen kenne! Darüber hinaus brachte ich schon bald erstaunliche Kurzgeschichten und Gedichte zustande – erstaunlich deshalb, weil ich mir selbst so etwas zuvor nie recht zugetraut hätte. Es folgte sogar ein Büchlein mit Notizen zu meinem Leben, das eines Tages, völlig überraschend für mich, sogar von einer Journalistin aus Bielefeld zum Anlass genommen wurde, um ein Radio-Interview mit mir zu führen. Total aufgeregt und gehemmt stellte ich mich dieser Herausforderung; erzählte anschließend sofort meinen Freunden und Bekannten davon. Neugierig und gespannt erwarteten nun auch sie die Übertragung im Radio, im WDR.

Der Aufhänger war meine Ehe mit einem Griechen, das Zusammenleben mit ihm in Deutschland und Griechenland im Jahr 1960. Inzwischen war dies ein interessantes Thema für die Öffentlichkeit – ganz anders als damals, in den 1960ern; da war Integration praktisch noch nicht im Gespräch. Erst viel später wurde es zu einem allgemein beachteten und sogar politisch offiziellen Themenfeld, in das ich, da unmittelbar betroffen, nunmehr sozusagen als Lebenszeugin medial einbezogen wurde.

Zunächst durch jenes Radiointerview, und nachher sogar auch noch über die Presse. Einladungen zu Lesungen im kleineren Kreis folgten und so weiter. Das war schon ein tolles Gefühl für mich, denn ich kannte es bisher ja nicht, dass meine Meinung und Erfahrung, dass meine Person so gefragt war.

Meine Ideen und Pläne nahmen von nun an kein Ende, und am liebsten wäre ich in alle Richtungen gleichzeitig gegangen. Fest stand aber gleich, vor allem wollte ich dies: Noch tiefer wollte ich in die Gedankenwelt eintauchen; die Erlebnisse – die Kontraste zwischen den Licht- und Schattenseiten meines Lebens – beschreiben; mein Leben, meine Erfahrungen, zu Papier bringen.

Und wie Sie, lieber Leser, an dem vorliegenden Buch sehen, habe ich mein Vorhaben in die Tat umgesetzt. Natürlich hat dies viel Mühe gekostet, viel Erinnerungsarbeit, intensive Auseinandersetzung mit mir selbst und all jenen, die mein Leben mit geprägt haben. Auch immer wieder viel Überwindung, wenn ich etwa Episoden aus meinem Leben schweren Herzens wieder aus dem Manuskript hinausgeworfen habe, da sie mir zwar viel bedeuten, aber den Erzählfluss, den großen Zusammenhang störten und einfach nicht in dieses Buch hier hineinpassten.

Es gibt in einem Leben doch viele Episoden, die wegzulassen sind, wenn man das eigene Leben im Großen und Ganzen ehrlich und ohne Beschönigung, doch aber in einem sinnvollen Zusammenhang und auch überschaubaren Rahmen erzählen möchte. In Details und Nebenerzählungen wollte ich mich nicht verlieren.

Es ging mir darum, mit meinen Notizen, angeordnet anhand der Männer meines Lebens – irgendein Erzählprinzip braucht man schließlich; und warum also nicht dieses – mein gelebtes Leben ehrlich und ohne willkürliche Lücken sowie auch ein wenig interessant darzustellen. Und zwar auch für jene Leser, die mich nicht als Person kennen. Also für jeden Leser ein Ganzes von mir entstehen zu lassen, das schlicht mein Leben zeigt.

Und so auch ein Buch zu schreiben, das nicht nur im Schreiben selbst, in der Schreibtischarbeit Sinn hat und indem es mich über das gelebte Leben nachdenken lässt, mich mit ihm auch aussöhnt, was die schwierigen Momente angeht, und mich erneut begeistert, was die wunderbaren Augenblicke betrifft, sondern auch für andere etwas bedeutet, ihnen etwas sagt, ihnen irgendwie nahegeht. Ob dies gelungen ist, das müssen natürlich andere, das müssen Sie, liebe Leser, entscheiden.

Was noch zu erwähnen ist: Das biographische Schreiben hat in meinem Leben eine Vorgeschichte. Sie hängt nicht nur damit zusammen, dass die Sprache und das geschriebene Wort mich seit langem gefangen nehmen (ich war stets eine begeisterte Leserin und bin es noch heute, und dazu habe ich ja auch früher gelegentlich schon ein wenig geschrieben). Sondern auch damit, dass die Musik und das Flair der Oper seit jeher ein Lebenselixier für mich sind. Schon in Jugendjahren habe ich Geld für Eintrittskarten gespart, um mir den Genuss der Musik zu gönnen. Und diese Leidenschaft ist zum Glück auch nie verloren gegangen.

Anfang der neunziger Jahre erlebte ich hier mit meinen damaligen Abonnements und Mitgliedschaften in den Fördervereinen »Festspielverein Balver Höhle« und »Philharmonie der Nationen« wesentliche Höhepunkte, und dies in sehr dichter Folge sowie nicht nur auf die Aufführungen selbst bezogen. Unter anderem entstand hier auch der direkte Kontakt mit Professor Hermann Wedekind, der 1984 die Höhlenspiele zu neuem Leben erweckt und unter das Motto »Kunst kennt keine Grenzen, Kunst führt die Völker zusammen« gestellt hatte. Sein faszinierendes Leben vom Kulissenschieber zum Generalintendanten hat er in seiner Biographie mit dem Titel »Hermann Wedekind erzählt sein Leben« beschrieben. An deren Entstehung wurde ich, zu meinem Erstaunen und zu meiner Freude, sogar mitbeteiligt, obwohl ich mich damals mit dem Schreiben noch gar nicht so wirklich beschäftigt hatte. Wahrscheinlich war mein Mitwirken vor allem darauf zurückzuführen, dass sich zwischen seiner Vertrauten, der ersten Vorsitzenden – und später Ehrenvorsitzenden – des Fördervereins, Agatha Allhoff-Cramer, und mir eine tiefe Freundschaft entwickelt hatte.

Nach des Professors Tod 1998 wurde das Buch veröffentlicht. Natürlich besitze ich mein Exemplar heute noch – und freue mich stets, wenn es mir in den Blick gerät. Dann denke ich an die wunderbaren Aufführungen in diesen Jahren, an die beglückenden Gespräche und Momente mit dem Professor, Agatha, den vielen Schauspielern und Künstlern, all den engagierten Menschen rund um die Höhlenfestspiele – und auch daran, wie ich eifrig Flyer und Informationsbroschüren für die Veranstaltungen verteilte. Einfach, um das zu fördern, was ich selbst so großartig fand, mich an diesem großen Unternehmen zu beteiligen und auch andere mit meiner Begeisterung anzustecken.

Was ich hier nur bedaure: Ich hatte das Glück, mit dem Stardirigenten Professor Justus Frantz im Hause von Agatha die Bekanntschaft zu machen (was hatte er nicht schon alles erlebt, wie viel hätte ich von ihm noch über die Musik lernen können!), wurde von ihm sogar eingeladen in seine Finca auf den Kanaren – konnte mich allerdings nicht dazu entschließen, ihr auch zu folgen, zumal ich die Einladung auch nicht als ernst gemeint empfunden hatte – aber vielleicht war sie es doch gewesen? Ich hätte es zumindest ausprobieren sollen. Immerhin, dies bleibt: Die Bruckner-Symphonie Nr. 5 mit Musikern aus vierzig Ländern in der Balver Höhle unter seiner Leitung zu erleben, das war großartig! Und allgemein habe ich unglaubliche Kultureindrücke aus dieser Zeit mitgenommen, der Zeit der Balver Höhle, die mich noch heute begeistern – und eben auch erstmals ein Biographie-Buchprojekt mitgestaltet.

Und heute? Nun, da ist mein eigenes sorgfältig ausgearbeitetes Biographie-Buch jetzt praktisch fertig! Und um heute von all dem Spektakel auf den Bühnen der Kultur möglichst viel mitzubekommen, ist die »Berliner Morgenpost« mein ständiger Begleiter, dazu hole ich mir natürlich auch noch eine Vielzahl von Tipps und Ratschlägen über die verschiedensten Möglichkeiten, in das Berliner Leben einzutauchen, aus dem Internet.

Die Eindrücke sind so vielfältig und unterschiedlich; gerade im Vergleich zu meiner alten und doch eher stillen Heimat Lüdenscheid. Mit dem Bus sowie den U- und S-Bahnen fahre ich überall hin, besuche Konzerte oder Galerien – und wie viele solcher Orte, die gut erreichbar sind, gibt es doch in Berlin! Als einen schönen Nebeneffekt genieße ich auch gleich die offenen, geraden Straßen, den Anblick der hohen Häuser; und immer wieder komme ich auch mit interessanten Leuten ins Gespräch.

Unterwegs mit den Öffentlichen: Ein neuer Lebensstil sozusagen, denn über fünfzig Jahre bin ich mit dem eigenen Auto kreuz und quer durch Deutschland und über die Landesgrenzen hinaus gefahren. Die vielen Kilometer und die Gefahren der Autobahnen bei Wind und Wetter habe ich nie gescheut, bin gerne Auto gefahren. Doch kurz nach meinem Einzug in meiner Berliner Wohnung verkaufte ich das Auto. Die Angebote der öffentlichen Verkehrsbetriebe sind günstiger und praktischer. Und dem Großstadt-Straßenverkehr mit all seiner Turbulenz wollte ich mich nun auch nicht mehr aussetzen; ich fühlte mich dem langsam nicht mehr gewachsen.

Neben den vielseitigen Interessen und Hobbys ist das, was meine Seele heute am meisten erfüllt – und das, was ja auch der eigentliche Grund für meinen Umzug nach Berlin war – meine Familie. Die harmonische Eintracht in ihr genieße ich sehr, und da zu sein für die Kinder und Enkelkinder, wann immer sie es mögen –

sowie mich auch einfach nur besuchen zu lassen, oder sonst was zu unternehmen.

Von Rheke, annähernd achtzehn, erfahre ich auch vieles über die Welt, was mir sonst verschlossen geblieben wäre. Zu meiner großen Freude werde ich von ihr besonders gefordert, emotional und intellektuell. Wir diskutieren über Literatur, ihren Deutsch-Unterricht und vieles mehr. Darüber hinaus mache ich, wie schon erwähnt, neben meinen Solo-Urlauben auf Norderney und Sylt sowie in fernen Länder, seit Jahren immer wieder gerne Urlaub mit Rheke. Zuletzt waren wir im Süden Frankreichs, entlang der Cote d'Azur – wunderbar! Mit ihren hervorragenden Französisch-Sprachkenntnissen managte sie fast sämtliche Dialoge vorbildlich; meine Sprachkenntnisse sind gleich Null.

Für Alva, Rhekes Halbschwester, geboren 2014, nachdem mein Sohn erneut mit einer Frau, Katharina heißt sie übrigens und ist ganz wunderbar, einen gemeinsamen Weg durchs Leben begonnen hat, versuche ich, alle möglichen Geschichten zu erfinden und zu erzählen. Oder ich tolle einfach auf dem Fußboden mit ihr herum, um möglichst viel Lebensfreude zu geben. Klar ist: Jedes Wiedersehen mit beiden »Schätzchen« soll etwas Besonders sein. Aber ich muss auch gestehen: Wenn zu meinem täglichen Pensum noch etwas hinzukommt, das nicht vorgesehen ist, gerate ich heute in Panik und bekomme Schweißausbrüche. Doch wenn alles planmäßig verläuft, dann komme ich allgemein sehr gut zurecht – und kann meine Sache als Großmutter, denke ich, auch gut machen.

Was mir als Mutter vielleicht nicht so gelungen ist, einfach da zu sein, das kann ich heute bei meinen beiden Enkeln nachholen.

Die Kindheit meines Sohnes sah ja leider so aus, dass er hauptsächlich auf sich allein gestellt war, ein Schlüsselkind. Ich arbeitete für den Lebensunterhalt. An Schul- und Kita-Sprechtagen, Geburtstagen und anderen Kinderfesten habe ich mir im Büro möglichst freigenommen. Die täglich anfallenden Aktivitäten (Haushalt, Einkaufen usw.) meisterten wir gemeinsam. Zeit einfach nur für uns, die blieb im Alltag leider kaum. Ein Glück, dass unsere Beziehung trotzdem so gut war und geblieben ist. Klar gab's auch bei uns mal richtig »dicke Luft«. Doch wo sind solche Streitigkeiten nicht zu finden? Aber wir wussten immer, dass wir uns lieben, uns auf den anderen verlassen können, füreinander da sind – auch wenn der Alltag das eben nicht stets widerspiegelte.

Nun, alles falsch gemacht haben kann ich bei Dirk schließlich auch nicht. Er hat nicht nur sein Abitur abgelegt und Informatik und Mathematik studiert, sich als vielseitig begabt erwiesen und als einer, der das Leben meistert, sondern auch einfach als ein Mensch, auf den ich aus vollem Herzen stolz sein kann.

Nein, sicher habe ich im Leben nicht alles richtig gemacht. Und bei manchem ist selbst in der Rückschau unklar, was, wenn ich schon falsch gehandelt habe, denn da überhaupt richtig gewesen wäre. Doch auf meine Familie bin ich stolz. Und sehr zufrieden mit ihr;

die unschätzbaren Glücksmomente mit meinen Lieben genieße ich sehr.

Und ich weiß, dass meine letzte größere Entscheidung, die für Berlin, absolut richtig war. Und ich weiß auch, dass es richtig war, hier auf mich gehört zu haben – anders als bei vielen meiner Entscheidungen in den Jahren zuvor, die oft vor allem den Erwartungen anderer Menschen entsprungen waren.

Heute erfülle ich derartige Erwartungen nicht mehr, höre allgemein viel mehr auf mich – und stelle fest, dass mein Leben in Berlin ein erhebliches Befreiungsgefühl bei mir ausgelöst hat. Ganz so, als wäre eine schwere Last von mir genommen.

Gute Ideen kann jeder haben, daran herrscht kein Mangel. Aber aus allen Projekten wird nie etwas ohne den warmen Zuspruch und die tatkräftige Unterstützung anderer.

Deshalb danke ich ganz besonders meinem Lektor, Jan-Eike Hornauer aus München, der es verstanden hat, meine Kreativität zu ermutigen und zu fördern.

Sein Fachwissen, seine Geduld, sein Verständnis und seine Wärme haben mich hilfreich und nützlich begleitet bis zum fertigen Buch.